최강동사
30개로
이다

최강동사 30개로 내가 스피킹이다

지은이 설연의
펴낸이 정규도
펴낸곳 (주)다락원

초판 1쇄 발행 2021년 1월 11일

편집총괄 장의연
책임편집 유나래
디자인 하태호
전산편집 이현해
삽화 신동민
이미지 shutterstock

경기도 파주시 문발로 211
내용문의: (02)736-2031 내선 523
구입문의: (02)736-2031 내선 250~252
Fax: (02)732-2037
출판등록 1977년 9월 16일 제406-2008-000007호

값 13,500원

ISBN 978-89-277-0136-1 13740

http://www.darakwon.co.kr
• 다락원 홈페이지를 방문하시면 상세한 출판정보와 함께 동영상강좌, MP3자료 등 다양한 어학 정보를 얻으실 수 있습니다.

영어는
동사로
통한다!

DARAKWON

Welcome to the world of Verbs!

동사의 세계로 초대합니다!

"영어는 동사의 언어다"
"전치사가 영어를 완성하니 항상 전치사를 잘 살펴라"

유학 당시 11학년 때 영어 선생님께서 자주 하시던 말씀입니다. 당시에는 잘 와닿지 않았는데, 영어에 대해 좀 알고 나서야 이 말씀의 의미가 온전히 이해되었습니다.

여러분도 아직은 와닿지 않을 겁니다. 자, 뉴욕으로 혼자 여행을 갔다고 상상해 봅시다. 꿈에 그리던 센트럴 파크에 가려고 택시에 몸을 싣습니다. "Hi, where to?"라는 택시 기사의 질문에 지도를 가리키며 "여기로 좀 데려다 주세요." 하고 말하려고 하는데, '데려다 주다'가 영어로 뭔지 깜깜합니다. 이번에는 자유의 여신상을 배경으로 "사진 좀 찍어 주실래요?"라고 부탁하려는데, '찍다'가 뭔지 잘 생각나지 않습니다. 여러분도 비슷하신가요? 만약 이런 문장이 1초 만에 영어로 안 나온다면 이 책을 두 손에 꼭 쥐고 지금 당장 공부를 시작하시기 바랍니다.

영어는 동사가 가장 중요합니다. 특히 스피킹 공부를 해 보신 분들이라면 200% 공감하실 거예요. 그렇다면 사전에 있는 그 많은 동사를 전부 다 알아야 할까요? 그렇지 않습니다. 다음 한국어 문장을 영어로 떠올려 보세요.

데려다 줄게.	사진 좀 찍어 줘.
이 약 먹어.	그 제안 받아들이자.
택시 타자.	우산 가져가.
계단으로 갈래.	이거 살게요.
왜 이렇게 늦었어?	나 시험 봤어.

어려운가요? 사실 이 모든 문장에서 사용되는 동사는 딱 하나, take입니다. take 하나로 이런 다양한 의미를 표현할 수 있다니 참 신기하지요? 결국 여러분도 이런 만능동사만 골라서 의미를 알아두면 얼마든지 다양한 문장을 말할 수 있다는 겁니다.
그러면 도대체 동사를 몇 개나 공부해야 될까요?

"네이티브는 일상에서 주로 25개 핵심 동사를 써요. 재밌는 점은 회화에서 많이 쓰는 이 동사들이 실은 비즈니스 영어나 신문 기사에서도 자주 쓴다는 거예요. 그래서 나는 강의할 때 이 25개 동사로만 예문을 만들어요."

한국인에게 20년 넘게 영어를 가르쳐 온 캐나다인 선생님께서 이렇게 말씀하시더군요. 이 책에서는 이 25개 동사에 일상에서 사용빈도가 높은 5개 동사를 더해, 네이티브가 가장 많이 쓰는 최강동사 30개를 다양한 형태의 회화체 문장에 담았습니다. 문법책에나 나올 법한 딱딱한 문장보다는 일상 회화에서 흔히 쓸 수 있는 실용적인 문장을 중심으로 구성했고, 언제든 활용할 수 있도록 다양한 시제와 문장 형식을 제시했습니다. 또한 수천 개의 필수 회화체 문장을 분석해 사용 빈도가 가장 높은 6대 전치사를 뽑아 일상 회화에 꼭 필요한 핵심 의미별로 정리했습니다.

외국어 실력의 꽃은 단연코 스피킹(speaking)이라고 할 수 있습니다. 미드 한 편이 다 들려도, 원어민 수준으로 영작을 할 수 있어도, 사전 없이 영자 신문을 읽을 수 있어도, 내가 하고 싶은 말을 하지 못한다면 결국 의미가 없죠. 이 책의 목표는 30개 동사와 6개 전치사를 자유자재로 활용해 내가 하고 싶은 말을 영어로 스피킹해 보는 것입니다. 말 그대로 영어 말하기의 KING, 스피킹이 되어 보자는 것이죠!

저는 외국에서 학창 시절을 거치면서 한국과는 전혀 다른 접근법으로 영문법을 익혔습니다. 그렇기에 저만의 방식으로 문법을 공부하고 강의해 왔죠. 세계적으로 유명한 원서 문법책으로 초·중·고급 수준까지 전부 다 강의하면서 영어의 뿌리까지 들여다보게 됐고, 영어 학자들이 한결같이 강조하는 '영어는 곧 문법이며 영어는 동사의 언어다'라는 명제를 이해할 수 있게 되었습니다. 이 책을 쓰면서 문법책에서 중시하는 부분과 현실에서 사용되는 실제 영어 사이의 간극을 최소화하면서 최대한 실용적인 책이 되게 하려고 노력했습니다.

이 책이 태어날 수 있도록 기회를 주시고 제가 미처 챙기지 못했던 부분을 세밀하게 점검해 주신 다락원 편집부에게도 이 자리를 빌어 진심으로 감사 인사 드립니다.

Let's go further with better English!

설연의

이 책 사용법

QR코드를 찍으면 네이티브의 생생한 발음을 들어볼 수 있습니다.

본격적으로 공부하기 전에 실제 대화에서 동사가 어떻게 쓰이는지 분위기를 느껴 보세요.

레벨별로 한국어 문장 8개를 영어로 바꿔 말해 봅니다. 막힐 때는 TIP에 나온 문장 구조를 활용해 보세요.

단어가 생각이 안 날 때는 살짝 참고하세요.

take[1]

MP3 01-01

내일 저를 공항에 데려다 줄 수 있나요?

Can you take me to the airport tomorrow?

When do you want to leave?

언제 출발하고 싶으신가요?

1단계 take를 활용해 다음 문장을 영어로 말해 봅시다

			TIP
Lv.1	1	내가 이 노트북 컴퓨터 가져가도 될까요?	Can I
	2	나를 Danny의 생일 파티에 데려가 줄래요?	Can you
Lv.2	3	네 생각에 내가 오늘 우산 가져가는 게 좋을까?	should
	4	당신은 개들을 얼마나 자주 공원에 데려가나요?	현재시제
	5	우리는 회의에 그 서류들을 가져가야 하나요?	have to
	6	여행 갈 때 저는 항상 운전면허증을 챙겨갑니다.	현재시제
Lv.3	7	네가 이 책 다 봤으면 내가 다시 가져가도 될까?	can I
	8	사고에서 다친 사람들은 병원으로 후송되었습니다.	be p.p.

단어로 힌트

1 노트북 컴퓨터 laptop, notebook 3 우산 umbrella 4 얼마나 자주 how often (횟수 및 빈도를 물을 때 쓰는 표현) | 공원 park 5 회의 meeting | 서류 document 6 여행 가다 go on a trip | 운전면허증 driver's license, driving license 7 ~을 다시 가져오다 take ~ back 8 사고에서 in the accident (accident (뜻하지 않은) 사고) | 다친 injured (injure 다치게 하다)

18 #GROUP A

마무리 퀴즈

다음 빈칸에 들어갈 알맞은 동사를 골라 보세요.

01 내가 이 노트북 컴퓨터 가져가도 될까요?
Can I ________ this laptop with me?
□ take □ make □ do

02 예약되었습니다.
Your reservation has been ________.
□ made □ taken □ gotten

03 네게 말했듯이, 나는 내일 면접이 있어.
As I told you, I ________ a job interview tomorrow.
□ take □ make □ have

04 내가 널 위해 무엇을 하면 되니?
What can I ________ for you?
□ take □ make □ do

05 너 저 신상 운동화 어디서 샀어?
Where did you ________ those brand-new running shoes?
□ take □ make □ get

06 당신은 계획을 세울 때 무엇을 고려합니까?
What do you consider when you ________ a plan?
□ take □ make □ have

07 이 제품의 사진을 찍는 건 허용되지 않습니다.
________ a picture of this product isn't allowed.
□ Taking □ Making □ Doing

104 #GROUP A

배운 동사 복습하기

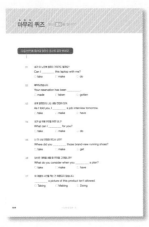

동사 세 개 중에서 어떤 동사를 써야 맞는지 골라 보세요. 내 동사 활용 능력을 점검할 수 있습니다.
다락원 홈페이지(darawon.co.kr)에서 더 많은 연습문제를 무료로 내려받을 수 있으니 복습할 때 활용하세요.

~을 가져가다·데려가다

take

짐을 옮겨야 돼서 "이 문 좀 잡아 주시겠어요?"라고 할 때는 Can you **hold** the door, please?라고 하는데, 화장실 가려고 "이 가방 좀 들어 줄래요?"라고 할 때는 Can you **take** this bag?이라고 합니다. 왜 다른 동사를 써서 표현하는 걸까요? 핵심은 바로 '위치'입니다. 문을 잡을 때는 그 문이 원래 위치에 그대로 있지만, 내가 들고 있던 가방을 다른 사람이 들 때는 가방의 위치가 바뀌잖아요. 이처럼 take의 핵심 개념은 **공간의 이동**입니다. '(물건을) 가져가다', '(사람을) 데려가다'처럼 이동을 표현할 때 바로 take를 쓰죠.

2단계 **영어 표현**을 확인하고 입으로 연습해 봅시다

- □ 1 Can I take this laptop with me?
- □ 2 Can you take me to Danny's birthday party?
- □ 3 Do you think I should take an umbrella today?
- □ 4 How often do you take your dogs to the park?
- □ 5 Do we have to take the documents to the meeting?
- □ 6 I always take my driver's license when I go on a trip.
- □ 7 If you're finished with this book, can I take it back?
- □ 8 The people injured in the accident were taken to the hospital.

1 '내가' 가져간다는 것을 뜻할 때는 문장 끝에 with me. 5 '~을 (어디)에 가져가다'라고 할 때 '(어디)에'라는 이동 방향을 표현하는 전치사는 to입니다. 7 '(책을) 다 보다'는 사용이 끝나서 더 이상 필요 없다는 의미의 be finished with를 활용하세요. 8 '~으로 후송되다'는 곧 '~으로 옮겨지다'라는 의미이므로 수동태 were taken으로 표현합니다.

19

2 STEP 영어 문장 확인하고 따라하기

동사의 핵심 뜻과 사용법을 압축해서 설명했습니다. 잘 읽고 이해해 봅시다.

내가 만든 문장이 맞는지 확인하고, 영어 문장을 소리 내서 말해 보세요.

문장에 쓰인 시제, 태, 전치사 등 중요 문법 사항을 설명했습니다. 영어로 어떻게 표현해야 하는지 막힐 때 읽어 보세요.

4 STEP 4가지 버전의 MP3 활용하기

SPEAKING이 되기 위해 3스텝으로 나눈 본문 녹음 파일과 저자의 음성 강의 파일을 활용해 보세요. QR코드를 스캔하면 스마트폰으로 바로 들을 수 있습니다. 모든 파일은 다락원 홈페이지 (darawon.co.kr)에서도 무료로 받을 수 있습니다.

1 **리스닝(Listening)** | 공부를 시작할 때 듣는 파일로, 각 페이지의 QR코드를 찍으면 바로 들을 수 있습니다. 전체 문장을 차례대로 한 번씩 들려 줍니다.

2 **섀도잉(Shadowing)** | 영어 예문을 두 번 연속해서 들려 줍니다. 한 번은 듣고, 한 번은 네이티브와 동시에 따라 읽으세요.

3 **스피킹(Speaking)** | 한국어 예문과 영어 예문을 함께 녹음한 파일입니다. 한국어 예문을 듣고 직접 영어로 바꿔 말하는 연습을 해 보세요.

4 **핵심 저자 강의** | 동사와 전치사의 핵심 내용만 쏙 뽑아 설명한 저자 직강입니다. 계속 업로드되는 저자의 유튜브 채널에서는 더 자세하고 재미있는 강의를 들을 수 있습니다.

SPEAKING이 되고 있는

수강생들의 리뷰

남미권에서 오래 근무한 터라 스페인어 구사는 편하지만 언제나 영어에 대한 욕심이 있었습니다. 이 책에는 네이티브가 일상에서 가장 많이 사용하는 동사들이 의미별로 잘 정리된 데다, 다양한 구조의 예문으로 소개되어 있어 두고두고 볼 수 있을 것 같습니다. 지금은 해외 근무 중인데 이 책에 대한 설 선생님 수업은 유튜브로 대신해야겠습니다.

우홍구 (외교관)

저는 40대 평범한 직장인입니다. 외우려고 애써도 안 나오던 표현들이 이제는 느리지만 제 입에서 정확하게 한 문장씩 나오는 수준까지 왔습니다. 한국어 문장을 직접 영작해 본 후, 실제 영어 문장과 맞춰 보는 과정을 통해 이런 표현은 콩글리쉬고 이렇게 써야 영어답구나 확실히 알 수 있어요. 일상 회화에서 바로 쓸 수 있는 실용적인 예문들이 많아 더 최고입니다.

이현철 (회사원)

아무리 단어를 많이 외워도 적재적소에 사용하는 것이 늘 어려웠습니다. 그런데 설연의 선생님과 공부하면서 네이티브들은 동사 하나로 여러 가지 다양한 의미를 표현한다는 것을 알게 되었죠. 한국 사람들이 영어 문장을 만들 때 어디서 가장 많이 실수하는지 꿰뚫고 계신 설 선생님이 오랜 강의 내공으로 쓰신 이 책을 적극 추천합니다!

임양희 (회사원)

항상 강의를 들으면서 연의 쌤의 주옥 같은 설명이 책으로 나왔으면 좋겠다고 생각했는데, 이렇게 스피킹 스킬 팍팍 키워 주는 실용적인 예문들을 가득 담고 세상에 나왔네요. 내 영어를 영어답게 만들어주는 마법 같은 동사와 전치사를 제대로 배울 수 있어 뿌듯합니다. 이 책으로 '스피King' 되는 그날까지 파이팅!

김혜지 (성균관대학교 일반대학원)

네이티브가 가장 많이 쓰는 핵심 동사 30개의 내가 다 몰랐던 의미들을 회화 문장을 통해 소개함으로써 보다 쉽게 의미가 기억될 수 있는 것 같습니다. 사람들이 혼동하기 쉬운 전치사의 구분도 잘 되어 있어서 좋습니다. 네이티브가 구사하는 자연스러운 영어 표현을 익히고자 하는 분들께 추천합니다.

민대홍 (회사원)

이번에 캐나다로 유학 가기 전에 연의 쌤을 만나지 못했다면 정말 후회했을 거예요. 단어랑 문법은 요령만 알고 실제로 어떤 뉘앙스로 쓰는지 전혀 몰랐는데, 실제로 회화에서 활용하는 법을 제대로 알게 되었어요. 이 책에는 실제 일상 회화에서 쓰는 문장이 많이 들어 있어서 유학 생활할 때도 큰 도움이 될 것 같아요.

박수빈 (예비 캐나다 유학생)

스무 살이 되면서 자유롭게 외국인과 의사소통을 할 수 있는 영어 실력을 만드는 것이 목표였습니다. 최강동사 30개와 6대 전치사는 제 영어 실력에 날개를 달아 줄 선물 같습니다. 네이티브가 자주 쓰는 동사와 전치사를 사용해서 정확한 의미를 전달하고 싶은 분들, 그리고 고급스러운 영어를 구사하고 싶은 분들에게 강력히 추천합니다!

이시연 (대학교 4학년, 취준생)

영어 좀 해 보신 분들이라면 동사랑 전치사가 헷갈려 헤맨 경험 있으시죠? 영어에서 동사는 원재료, 전치사는 조미료로 영어라는 요리의 핵심이라 생각합니다. 많고 많은 동사 중 일상 회화에 가장 많이 등장하는 동사 30개! 해도 해도 헷갈리는 핵심 전치사 6개! 이 둘의 환상적인 콜라보인 이 책으로 다같이 스피~킹이 되어 봅시다!

김한울 (한국외대 독일어과)

동사 하나로도 다양한 의미를 표현할 수 있다는 게 영어의 매력 같아요. 동사 30개만 익혀도 최소 60~80개 단어를 익히는 것과 같은 효과가 있는 거잖아요. 설연의 선생님 강의를 수강하면서 동사의 막강 파워를 새삼 깨달았습니다. 영어 스피킹을 잡으려면 동사와 전치사가 가장 중요하니, 둘 다 담은 이 책을 강추할 이유가 충분하지요?

김지혜 (회사원)

영포자였던 제가 설쌤과 공부한지 1년도 안 되어 지금은 제법 영어로 말이 나옵니다. 문장 틀도 제대로 못 갖추던 제가 이제는 정확한 문장을 입으로 말하고 있어 신기할 따름입니다. 역시 동사가 잡히니까 스피킹이 되는구나 싶습니다. 앞으로도 선생님만 믿고 원어민과 막힘 없이 대화하는 그날까지 함께 영어 공부 하려고 합니다!

우상우 (관광경영학과 학생)

Contents

GROUP A

뜻이 가장 많은 핵심 동사 5

GROUP B

일상에서 많이 쓰는
우선순위 동사 14

GROUP C

함께 알아두면 좋은
혼동하기 쉬운 동사 11

SPECIAL GROUP

영어에 힘을 실어 주는
최강 전치사 6

GROUP A

세상만사 우리가 해결한다!

뜻이 가장 많은 핵심 동사 5

take
make
have
get
do

take

저자 강의 01

take – took – taken

이동하다 / 내 것으로 만들다

한국어로 수십 가지 뜻을 가진 take는 일상 회화에서건 비즈니스 회화에서건 네이티브 사이에서 가장 사용 빈도가 높은 동사입니다.
take의 핵심 개념은 크게 두 가지로 정리할 수 있는데요. 첫째는 '이동하다'로, 이동을 위한 수단이나 이동에 걸리는 시간에 관련된 표현이 여기에 해당하죠. '데려가다, 데려다 주다, 가져가다, 챙겨가다' 같은 뜻을 take로 표현할 수 있어요. 둘째로는 '내 것으로 만들다/취하다/받아들이다'란 핵심 개념을 갖고 있어요. 강의 수강을 통해 정보와 지식을 내 것으로 만들고, 약의 효과를 취하고, 휴식하는 시간을 가지는 것 등에 모두 take를 씁니다.
여기서는 일상 회화는 물론 토익, 오픽 같은 영어 시험에도 자주 등장하는 take의 의미를 11개로 선별해 회화에서 바로 쓸 수 있는 문장 속에 담았습니다. 네이티브의 활용 1순위 동사 take의 의미를 take할 준비됐나요?
그러면 Let's take an action!

take의 핵심 의미

□ **~을 가져가다 · 데려가다**
내일 저를 공항에 데려다 줄 수 있나요?
Can you **take** me to the airport tomorrow?

□ (교통수단 · 이동수단을) **타다 · 이용하다**
당신은 항상 사무실까지 계단으로 오나요?
Do you always **take** the stairs to the office?

□ (시간이) **걸리다**
비행기로 부산 가는 데 시간이 얼마나 걸려요?
How long does it **take** to fly to Busan?

□ (시간을) **내다**
저기, 저한테 내일 시간 좀 내 줄 수 있어요?
Well, can you **take** some time for me tomorrow?

□ (강의 · 수업을) **듣다 · 수강하다**
저는 이 수업을 반 년 넘게 수강하고 있어요.
I have been **taking** this class for over half a year.

□ (시험을) **보다 · 치다**
오픽 시험 본 적 있어?
Have you ever **taken** the OPIC test?

□ (기회를) **잡다**
당신은 이 기회를 잡아야 돼요!
You have to **take** this chance!

□ (자리 · 직위 · 배역을) **맡다 · 차지하다**
살면서 혹시 높은 자리 차지해 본 적 있어요?
Have you ever **taken** a high position in your life?

□ (사진을) **찍다**
우리 사진 좀 찍어 주시겠어요?
Could you **take** a picture of us?

□ (치료약 · 영양제를) **먹다 · 복용하다**
이 영양제를 얼마나 자주 복용하는 것이 좋을까요?
How often should I **take** this supplement?

□ (제안 · 조언 · 충고 · 의견 등을) **받아들이다**
내 충고를 진지하게 받아들이는 게 어때?
Why don't you **take** my advice seriously?

take[1]

MP3 01-01

내일 저를 공항에 데려다 줄 수 있나요?

Can you take me to the airport tomorrow?

take를 활용해 다음 문장을 영어로 말해 봅시다

			TIP
Lv.1	1	내가 이 노트북 컴퓨터 가져가도 될까요?	Can I
	2	나를 Danny의 생일 파티에 데려가 줄래요?	Can you
Lv.2	3	네 생각에 내가 오늘 우산 가져가는 게 좋을까?	should
	4	당신은 개들을 얼마나 자주 공원에 데려가나요?	현재시제
	5	우리는 회의에 그 서류들을 가져가야 하나요?	have to
	6	여행 갈 때 저는 항상 운전면허증을 챙겨갑니다.	현재시제
Lv.3	7	네가 이 책 다 봤으면 내가 다시 가져가도 될까?	can I
	8	사고에서 다친 사람들은 병원으로 후송되었습니다.	be p.p.

이런 **단어로** 말하자

1 노트북 컴퓨터 laptop, notebook 3 우산 umbrella 4 얼마나 자주 how often (횟수 및 빈도를 물을 때 쓰는 표현) | 공원 park 5 회의 meeting | 서류 document 6 여행 가다 go on a trip | 운전면허증 driver's license, driving license 7 ~을 다시 가져오다 take ~ back 8 사고에서 in the accident (accident (뜻하지 않은) 사고) | 다친 injured (injure 다치게 하다)

~을 가져가다·데려가다

이동을 표현할 때는 **take**

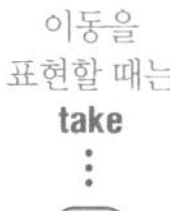

짐을 옮겨야 돼서 "이 문 좀 잡아 주시겠어요?"라고 할 때는 Can you **hold** the door, please?라고 하는데, 화장실 가려고 "이 가방 좀 들어 줄래요?"라고 할 때는 Can you **take** this bag?이라고 합니다. 왜 다른 동사를 써서 표현하는 걸까요? 핵심은 바로 '위치'입니다. 문을 잡을 때는 그 문이 원래 위치에 그대로 있지만, 내가 들고 있던 가방을 다른 사람이 들 때는 가방의 위치가 바뀌잖아요. 이처럼 take의 핵심 개념은 **공간의 이동**입니다. '(물건을) 가져가다', '(사람을) 데려가다'처럼 이동을 표현할 때 바로 take를 쓰죠.

영어 표현을 확인하고 입으로 연습해 봅시다

- ☐ 1 **Can I take** this laptop with me?
- ☐ 2 **Can you take** me to Danny's birthday party?
- ☐ 3 Do you think I **should take** an umbrella today?
- ☐ 4 How often do you **take** your dogs to the park?
- ☐ 5 Do we **have to take** the documents to the meeting?
- ☐ 6 I always **take** my driver's license when I go on a trip.
- ☐ 7 If you're finished with this book, **can I take** it back?
- ☐ 8 The people injured in the accident **were taken** to the hospital.

이렇게 **문장을** 만들자

1 '내가' 가져간다는 것을 뜻할 때는 문장 끝에 with me. 5 '~을 (어디)에 가져가다'라고 할 때 '(어디)에'라는 이동 방향을 표현하는 전치사는 to입니다. 7 '(책을) 다 보다'는 사용이 끝나서 더 이상 필요 없다는 의미의 be finished with를 활용하세요. 8 '~으로 후송되다'는 곧 '~으로 옮겨지다'라는 의미이므로 수동태 were taken으로 표현합니다.

take[2]

MP3 01-02

당신은 항상 사무실까지 계단으로 오나요?

Do you always take the stairs to the office?

I'm out of breath.

숨넘어가겠어요.

take를 활용해 다음 문장을 영어로 말해 봅시다

			TIP
Lv.1	1	전 절대 엘리베이터 안 타요.	현재시제
	2	공항 가는 버스는 어디서 탈 수 있나요?	Where can I
Lv.2	3	혹시 서울에서 케이블카 타 본 적 있나요?	have p.p.
	4	난 시티투어 버스 타 보고 싶어.	try to
	5	늦지 않으려면, 우리는 택시 타야 해.	had better
	6	야근할 때, 너는 무엇을 타니?	현재시제
Lv.3	7	시청 가시려면, 1호선 타는 것을 추천합니다.	to 동사
	8	8층에 가려면, 어느 엘리베이터를 타야 하나요?	have to

이런 **단어로** 말하자

1 절대 ~않다 never 2 공항 airport 3 혹시 ever | 케이블카 cable car 4 시티투어 버스 city tour bus 5 늦은 late 6 야근하다 work late (영어로는 '늦게까지 일하다'라고 표현해요) 7 시청 city hall | 1호선 line number 1 8 8층 the eighth floor (층 수는 eighth처럼 서수로 표현하는데, 반드시 앞에 the를 붙입니다) | 어느, 어떤 which

(교통수단·이동수단을) 타다·이용하다

이동수단을 고를 때는 **take**

버스나 기차 같은 **교통수단을 '타다'**, 그리고 계단이나 엘리베이터 같은 **이동수단으로 '이동하다'**를 take로 표현할 수 있어요. 동사 get에도 '타다'라는 뜻이 있는데, get은 교통수단에 타는 직접적인 행위를 표현하는 반면 take는 선택을 강조합니다. 지하철, 버스, 택시로 갈 수 있는데 그 중 택시를 탄다고 할 때 '타다'는 동작이 아닌 수단에 대한 선택, 즉 '고르다'라는 의미이므로 take를 쓰는 거죠. 그래서 take the stairs라고 하면 '계단으로 가다'란 의미가 됩니다. 그냥 go to the stairs라고 하면 '계단이 있는 곳까지 가다'라는 의미가 되지요.

2단계 **영어 표현**을 확인하고 입으로 연습해 봅시다

☐ 1 I never **take** the elevator.

☐ 2 Where **can I take** the bus to the airport?

☐ 3 **Have** you ever **taken** the cable car in Seoul?

☐ 4 I want to **try to take** the city tour bus.

☐ 5 Not to be late, we**'d better take** a taxi.

☐ 6 When you work late, what do you **take**?

☐ 7 To get to city hall, I recommend you **take** line number 1.

☐ 8 To get to the eighth floor, which elevator do I **have to take**?

이렇게 **문장을** 만들자

1 빈도를 표현하는 부사 never는 동사 앞에 옵니다. 2 '공항행 버스, 공항으로 가는 버스'에서 '~행, ~으로'를 나타내는 전치사는 to입니다. 4 '타고 싶다'는 want to take, '타 보고 싶다'는 want to try to take. 5 '~하려면'은 〈To 동사〉, '~하지 않으려면'은 〈Not to 동사〉로 표현하세요. 7 상대방에게 어떤 일을 하라고 추천할 때는 〈I recommend you (that) + 동사〉 형태를 활용하세요.

take[3]

MP3 01-03

비행기로 부산 가는 데 시간이 얼마나 걸려요?

How long does it take to fly to Busan?

BUSAN
It takes almost an hour.
거의 한 시간 걸려요.

take를 활용해 다음 문장을 영어로 말해 봅시다

			TIP
Lv.1	1	거기 가는 데 약 30분 걸려요.	현재시제
	2	출근하는 데 얼마나 오래 걸리나요?	How long
Lv.2	3	그거 시간이 얼마나 걸릴까요?	will
	4	그 역에 가는 데 아마 3시간 넘게 걸릴 거예요.	might
	5	토익 시험 보는 데 2시간 걸립니다.	현재시제
	6	왜 이렇게 오래 걸렸나요?	과거시제
Lv.3	7	그 자격증 따는 데 몇 주 걸리나요?	How many
	8	저는 석사 학위 따는 데 2년이 안 걸렸어요.	과거시제

이런 **단어로** 말하자

1 약, 대략 about | 30분 half an hour, thirty minutes 2 출근하다 get to work | 얼마나 오래 how long 4 역 station | (시간이) 넘게 over | 아마 ~일 것이다 might (예측을 나타내는 조동사) 5 토익 시험 the TOEIC test | (시험을) 보다 take 7 자격증 certificate 8 석사 학위 master's degree (degree 학위)

걸리는 시간을 표현할 때는 **take**

앞에서 take의 핵심 개념 중 하나가 '이동'이라고 설명했는데요, **이동하는 데 걸리는 시간** 역시 take로 표현할 수 있습니다. take 뒤에 10 minutes(10분), an hour(1시간)처럼 시간을 나타내는 표현을 넣어 말하면 되지요. 또한, '사람이 ~하는 데 시간이 걸리다'를 표현할 때는 〈It takes + 사람 + 시간 + to 동사〉 형태로 씁니다. 주어는 it, 동사는 take를 쓰고, 그 뒤에 행동하는 주체(사람), 걸리는 시간, '~하는 데 있어'를 표현하는 to 동사를 순서대로 쓰는 거죠.

영어 표현을 확인하고 입으로 연습해 봅시다

- ☐ 1 It **takes** about half an hour to get there.
- ☐ 2 How long does it **take** to get to work?

- ☐ 3 How long **will** it **take**?
- ☐ 4 It **might take** over 3 hours to get to the station.
- ☐ 5 It **takes** 2 hours to take the TOEIC test.
- ☐ 6 What **took** you so long?

- ☐ 7 How many weeks does it **take** to get the certificate?
- ☐ 8 It **took** me fewer than 2 years to get my master's degree.

이렇게 **문장을** 만들자

1 여기서 '가는 데'는 '도착하는 데'를 의미하므로 to get. 4 조동사 might(아마 ~일 것이다) 뒤에는 항상 동사원형이 옵니다. 6 '왜 늦었나요?'를 묻는 가장 좋은 표현으로, '네가 늦어지게 만든 것이 무엇이냐?'라는 뜻입니다. 8 '2년이 안 걸렸다'는 결국 '2년보다 덜 걸렸다'라는 의미이므로 fewer than(~보다 적은)을 사용하세요.

take[4]

MP3 01-04

저기, 저한테 내일 시간 좀 내 줄 수 있어요?

Well, can you take some time for me tomorrow?

같이 차 한 잔이라도...
Do you want to tell me something?
뭐 하고 싶은 말 있어요?

take를 활용해 다음 문장을 영어로 말해 봅시다

			TIP
Lv.1	1	우리를 위해 시간 내 주셔서 고마워요.	for -ing
	2	우리 모두는 그것을 위한 시간을 낼 거예요.	will
Lv.2	3	혹시 이런 일을 하는 데 시간 내 본 적 있나요?	have p.p.
	4	저는 매일 책 읽을 시간을 좀 내려고 합니다.	try to
	5	나는 그런 일을 하는 것에는 절대 시간 낼 수 없어.	can never
	6	우리가 그 아이들을 도우려고 시간 내는 것은 가능해요.	to 동사
Lv.3	7	우리는 그들과 이야기할 시간을 좀 냈어야 했어.	should have p.p.
	8	그는 바빴지만, 기꺼이 우리를 도와줄 시간을 냈어요.	Although

이런 **단어로** 말하자

2 우리 모두 all of us ('우리 모두, 우리 전부'를 표현할 때는 '모두'를 뜻하는 all과 목적격 대명사 us를 of로 연결합니다) 4 책을 읽다 read a book 5 그런 such ('그런 일, 그런 사람, 그런 것'에서의 '그런'은 such) 6 가능한 possible 7 ~와 이야기하다 talk to (말하는 내용보다 '누군가와' 소통한다는 의미에 초점을 둘 때 talk를 씁니다) 8 기꺼이 ~하다 be willing to (과거의 일을 말할 때는 was willing to)

시간을
낼 때는
take time

앞에서 이동하는 데 걸리는 시간을 나타낼 때 take를 쓴다고 했는데요, 뭔가를 하려고 **'시간을 내다'**도 take를 써서 take time이라고 해요. 한국어로는 '시간이 걸리다', '시간을 내다', '시간을 들이다', '시간을 내 주다'처럼 모두 다르게 표현하지만 영어로는 전부 take를 쓰죠. '시간 좀 내 주시겠어요?'란 표현이 정확한 영어로 나오기 힘든 이유는 '내다, 내 주다'에 해당하는 동사가 뭔지 애매하기 때문입니다. 시간 관련해서는 take를 쓰니까 '시간을 내다'는 take time이라고 외워 두세요.

영어 표현을 확인하고 입으로 연습해 봅시다

- ☐ 1 Thank you **for taking** time for us.
- ☐ 2 All of us **will take** time for that.
- ☐ 3 **Have** you ever **taken** time to do something like this?
- ☐ 4 I **try to take** some time to read a book every day.
- ☐ 5 I **can never take** time to do such a thing.
- ☐ 6 It's possible for us **to take** time to help the children.
- ☐ 7 We **should have taken** some time to talk to them.
- ☐ 8 Although he was busy, he **was willing to take** time to help us.

이렇게
문장을
만들자

1 전치사 for 뒤에는 take가 아니라 taking. 4 '시간을 내려고 한다'는 '시간을 내려고 애쓴다'라는 의미이므로 try to take. 매일 반복되는 상황이므로 현재시제로 쓰세요. 6 '우리가 ~하는 것은 …하다'는 〈It is + 형용사 + for us + to 동사〉. 7 '~했어야 했는데, ~했다면 좋았을 텐데'처럼 아쉬움과 후회를 표현할 때는 should have p.p.를 씁니다.

take[5]

MP3 01-05

네, 저는 이 수업을 반 년 넘게 수강하고 있어요.

Yeah, I have been taking this class for over half a year.

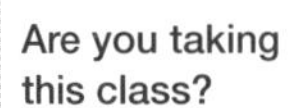
Are you taking this class?

이 수업 듣고 있어요?

'리얼 스피킹'

1 단계

take를 활용해 다음 문장을 영어로 말해 봅시다

			TIP
Lv.1	1	난 이번 달에 이 강의 듣고 있어.	be -ing
	2	전에 이 강의 들어 본 적 있니?	have p.p.
Lv.2	3	너는 이번 학기에 몇 개의 수업을 듣고 있니?	be -ing
	4	우리는 먼저 다른 수업들을 들어야 하나요?	need to
	5	런던에서 3개월짜리 영어 과정을 들은 적이 있어요.	have p.p.
	6	그 자격증 따려면, 네가 이 수업 듣는 것을 추천해.	to 동사
Lv.3	7	이 수업은 매달 거의 300명의 사람들이 수강합니다.	be p.p.
	8	전체 과정을 듣기 전에, 이 수업 먼저 듣는 게 어때?	Why don't you

이런 **단어로** 말하자

1 이번 달 this month | 강의, 강좌 course 2 전에 before 3 학기 semester | 수업 class 4 먼저 first | 다른 any other | ~해야 한다 need to (개인적인 필요에 의한 상황은 have to보다 need to) 5 3개월짜리 three-month (숫자와 명사가 함께 사용된 형용사이므로 three months라고 하지 않고 하이픈(-)을 사용해 표현합니다) 6 자격증 certificate 7 매월 every month 8 전체의 whole | 먼저 first

(강의·수업을) **듣다·수강하다**

수업을
들을 때는
take

수업, 강의, 교육 과정 등을 '듣다, 수강하다'도 take로 표현할 수 있어요. 좋은 것을 '내 것으로 취하다/흡수하다/만들다'라는 것이 take의 핵심 의미입니다. 예를 들어 상대의 뼈 때리는 조언을 받아들이고, 솔깃한 제안을 받아들이고, 약의 좋은 성분을 섭취하고, 훌륭한 강의의 유익한 정보와 지식을 **내 것으로 흡수**하기 위해 수강을 하는 것이 모두 take죠. 이들 의미의 공통된 흐름을 생각해 보면 take의 핵심 개념을 쉽게 이해할 수 있을 거예요.

영어 표현을 확인하고 입으로 연습해 봅시다

- [ ] 1 I'm **taking** this course this month.
- [ ] 2 **Have** you **taken** this course before?

- [ ] 3 How many classes **are** you **taking** this semester?
- [ ] 4 Do we **need to take** any other classes first?
- [ ] 5 I **have taken** a three-month English course in London.
- [ ] 6 To get that certificate, I recommend you **take** this class.

- [ ] 7 This class **is taken** by almost 300 people every month.
- [ ] 8 Why don't you **take** this class first before **taking** the whole course?

이렇게 **문장을** 만들자

1 말하고 있는 이 순간뿐만 아니라 특정 기간 동안 집중적으로 하는 일을 표현할 때도 현재진행시제를 쓸 수 있어요. 6 '~하려면'은 〈To 동사〉이며, '누가 ~하는 것을 추천하다'는 〈recommend (that) + 사람 + 동사원형〉으로 표현하세요. 7 주어인 This class(이 수업)는 사람에 의해 '수강되는' 것이므로 수동태로 씁니다. 8 접속사 before를 기준으로 주어가 you로 같으므로 접속사 뒤의 주어는 생략하고 동사를 -ing 형태로 쓸 수 있어요.

take[6]

MP3 01-06

오픽 시험 본 적 있어?
Have you ever taken the OPIC test?
OPIC 시험 일정 안내
Sure. I try to take the OPIC test as often as possible.
물론이지. 난 오픽 시험을 가능한 한 자주 보려고 해.

1 단계 **take**를 활용해 다음 문장을 영어로 말해 봅시다

			TIP
Lv.1	1	나 내일 운전면허 시험 봐.	be -ing
	2	우리는 격일로 짧은 시험을 봐요.	현재시제
Lv.2	3	제가 시험 보는 것은 선택사항인가요?	to 동사
	4	전체 시험 보는 데 비용이 얼마나 드나요?	How much
	5	누구든 그 테스트를 무료로 볼 수 있어요.	can
	6	시험 보고 있는 사람들은 어디 있나요?	Where
Lv.3	7	그 시험은 지금 어디서 치러지고 있나요?	being p.p.
	8	기말고사 보기 전에 이것을 읽는 것은 필수였어요.	동명사(-ing)

이런 **단어로** 말하자

1 운전면허 시험 driving test 2 격일 every other day | 짧은 short 3 선택적인 optional 4 전체의 whole | ~의 비용이 들다 cost 5 무료로 for free (free 무료의, 공짜의) 7 지금 at the moment (moment는 정확한 시점을 나타내는 '순간'을 뜻해요) 8 기말고사 final exam ('중간고사'는 midterm exam) | 필수적인 necessary

(시험을) 보다·치다

시험을
볼 때는
take

앞에서 '(수업을) 듣다, 수강하다'와 관련된 다양한 표현을 take와 함께 익혔는데요, 수업 과정의 일부인 '시험을 보다' 역시 take로 표현합니다. 배운 내용을 **내 것으로 만드는** 과정이 바로 시험이니, take로 표현하는 것은 자연스러운 일이라고 할 수 있죠. 가벼운 테스트, 공인영어시험, 학교 시험 등을 '보다, 치르다'는 전부 take로 나타낼 수 있습니다. 학교 생활과 관련된 회화에서 일상적으로 많이 쓰는 표현이니 잘 익혀 두세요.

영어 표현을 확인하고 입으로 연습해 봅시다

- ☐ 1 I'm **taking** a driving test tomorrow.
- ☐ 2 We **take** a short test every other day.
- ☐ 3 Is it optional for me **to take** a test?
- ☐ 4 How much does it cost **to take** the whole test?
- ☐ 5 Anyone **can take** the test for free.
- ☐ 6 Where are the people **taking** the test?
- ☐ 7 Where is the test **being taken** at the moment?
- ☐ 8 It was necessary to read this before **taking** the final exam.

이렇게
문장을
만들자

1 확정된 가까운 미래 계획은 be -ing. 3 '제가'는 for me로 표현합니다. 4 ~하는 데 비용이 얼마인지 질문할 때 주어는 가짜 주어 it을 쓰고 뒤에 'to 동사'로 진짜 주어를 나타냅니다. 6 '(사람들이) 지금 시험을 보고 있는 중'을 의미하므로 take의 현재분사 taking을 씁니다. 7 지금 시험이 '치러지고 있는 중'이므로 현재진행 수동태 being p.p.를 사용하세요. 8 '~하는 것은 필수다'는 〈It is necessary to 동사〉.

take[7]

MP3 01-07

진짜요? 당신은 이 기회를 잡아야 돼요!

Seriously? You have to take this chance!

I got an offer from headquarters.

본사에서 제안이 왔어요.

1 단계 **take**를 활용해 다음 문장을 영어로 말해 봅시다

			TIP
Lv.1	1	그냥 이 기회 잡아.	명령문
	2	난 두 번째 기회를 잡을 거야.	will
Lv.2	3	그들은 일할 기회를 잡고 싶어 하나요?	want to
	4	누구든 돈 벌 기회를 잡을 수 있습니다.	can
	5	우리는 이 마지막 기회를 잡아야 해요.	have to
	6	다양한 기회를 잡으려면, 오픈 마인드인 것이 좋아.	to 동사
Lv.3	7	당신은 그 기회를 잡았어야 했어요.	should have p.p.
	8	나는 일생일대의 기회를 잡을 준비가 되어 있습니다.	be ready to

이런 **단어로** 말하자

1 기회 opportunity, chance (opportunity는 일반적인 의미의 기회로 '일할 기회', '돈 벌 기회' 등을 표현하고, chance는 '두 번째 기회', '마지막 기회', '일생일대의 기회'처럼 opportunity보다 더 중요한 기회를 뜻해요) 2 두 번째 second 4 돈 벌다 make money 5 마지막의 last 6 다양한 various | 오픈 마인드인, 개방적인 open-minded | ~하는 것이 좋다 should (권유, 조언, 제안을 나타내는 조동사) 8 일생일대의 기회 once-in-a-lifetime chance

(기회를) **잡다**

기회를 내 걸로
만드는 건
take

Unless you **take** it, it's not a chance.(네가 잡지 않는다면, 그것은 기회가 아니다.) 라는 유명한 영어 격언이 있죠. 여기에서처럼 take는 '(기회)를 잡다'라는 의미로도 씁니다. 앞에서 여러 차례 설명했듯이 '내 것이 아닌 것을 내 것으로 만든다'는 것이 take의 핵심 개념이에요. '기회를 잡다'라는 의미 역시 같은 맥락으로 생각하면 이해하기 쉽습니다. 강의 수강을 통해 정보와 지식을 내 것으로 만들고, 내 실력을 점검하기 위해 시험을 보고, 그 결과로 중요한 기회를 **내 것으로 만드는 것**이죠.

2 단계 **영어 표현**을 확인하고 입으로 연습해 봅시다

- ☐ 1 Just **take** this chance.
- ☐ 2 I **will take** the second chance.
- ☐ 3 Do they **want to take** an opportunity to work?
- ☐ 4 Anyone **can take** an opportunity to make money.
- ☐ 5 We **have to take** this last chance.
- ☐ 6 **To take** various chances, you should be open-minded.
- ☐ 7 You **should have taken** that chance.
- ☐ 8 **I'm ready to take** the once-in-a-lifetime chance.

• • •
이렇게
문장을
만들자

3 '일할 기회'는 앞으로 하게 될 일을 의미하므로, opportunity 뒤에 미래의 의미를 가진 'to 동사'를 씁니다. 6 조동사 should 뒤에는 is, am, are의 원형인 be가 옵니다. 7 '~해야 했다'라고 과거 일에 대한 후회나 유감을 표현할 때는 should have p.p. 8 '~할 준비가 되어 있다'는 〈be ready to 동사〉.

take[8]

MP3 01-08

살면서 혹시 높은 자리 차지해 본 적 있어요?

Have you ever taken a high position in your life?

나도 높은 자리에 올라가 보는 게 꿈이랍니다!
Yes, a couple of times.
네, 두어 번이요.

take를 활용해 다음 문장을 영어로 말해 봅시다

			TIP
Lv.1	1	당신은 이 자리[직위]를 차지하고 싶습니까?	want to
	2	전 그 역할[배역]을 맡을 수 있기를 바랍니다.	I hope
Lv.2	3	누가 Jack 대신 그 자리를 맡았습니까?	과거시제
	4	누가 CEO 자리를 맡을 의향이 있을까?	be willing to
	5	이 자리 비었나요?	be p.p.
	6	내 상사는 판매 매니저 자리를 맡았던 적이 있어요.	have p.p.
Lv.3	7	네 생각에 내가 그 자리를 맡을 수 있을 것 같니?	Do you think
	8	이 자리는 이미 다른 사람이 차지한[앉은] 것 같습니다.	It seems like

이런 **단어로** 말하자

1 (일)자리, 직위 position ('위치'라는 뜻도 있는데, 회사나 조직에서 갖는 위치인 '직위'를 뜻하기도 합니다) 2 역할, 배역 role | ~이기를 바라다 hope (that) 3 ~대신에 instead of 4 ~할 의향이 있다 be willing to 6 상사 boss | 판매 매니저 sales manager 8 ~인 것 같다 seem like

(자리·직위·배역을) 맡다·차지하다

자리를
맡을 때는
take

물리적 공간 또는 어떤 직위를 **'맡다, 차지하다'**도 동사 take를 사용해 표현할 수 있어요. 한국어도 마찬가지로 물리적인 공간인 '자리를 맡다', 어떤 직위(position)인 '자리(직위)를 맡다', 심지어는 '배역을 맡다' 같은 표현을 씁니다. 자리, 직위, 배역을 '내 것으로 만드는 것'을 take가 표현한다고 생각하면 이해하기 쉬울 거예요. 특히 공공장소에서 '여기 자리 비었나요?'라고 할 때도 자리가 맡아져 있냐는 의미로 take를 사용해 말합니다.

영어 표현을 확인하고 입으로 연습해 봅시다

- ☐ 1 Do you **want to take** this position?
- ☐ 2 I hope I **can take** that role.
- ☐ 3 Who **took** the position instead of Jack?
- ☐ 4 Who **is willing to take** the position of CEO?
- ☐ 5 **Is** this seat **taken**?
- ☐ 6 My boss **has taken** the position of sales manager.
- ☐ 7 Do you think I **can take** that position?
- ☐ 8 It seems like this seat **is** already **taken**.

이렇게 **문장을** 만들자

3 자리를 맡은 그 누군가가 주어이므로 who로 문장을 시작합니다. 5 자리가 누군가에 의해 '맡아져 있냐'는 의미이므로 수동태 be p.p.를 사용하세요. 8 '~인 것 같다'라는 상황에 대한 추측을 말할 때는, 주어를 it으로 하여 〈It seem like + 주어 + 동사〉로 표현합니다.

take[9]

MP3 01-09

실례합니다. 우리 사진 좀 찍어 주시겠어요?

Excuse me. Could you take a picture of us?

Sure!
I can do that for you.

물론이죠!
제가 해 드리겠습니다.

take를 활용해 다음 문장을 영어로 말해 봅시다

			TIP
Lv.1	1	넌 사진 찍는 거 즐기니?	enjoy -ing
	2	내가 직접 그 사진을 찍었습니다.	과거시제
Lv.2	3	너는 이 사진을 무엇으로 찍었어?	과거시제
	4	저는 보통 제 아이폰으로 사진을 찍어요.	현재시제
	5	풍경 사진을 찍으려고, 여기저기 여행해 봤어요.	have p.p.
	6	우리는 그 가수와 사진 찍을 기회가 있었어요.	과거시제
Lv.3	7	제가 (당신의) 사진을 찍어 드릴까요?	Would you like
	8	이 제품의 사진을 찍는 건 허용되지 않습니다.	be p.p.

이런 **단어로** 말하자

1 ~하는 것을 즐기다 enjoy -ing 2 (내가) 직접 myself (문장 맨 뒤에 씁니다) 4 보통 usually 5 풍경 landscape | 여기저기 here and there (앞에 전치사 없이 쓴다는 점에 주의하세요) | 여행하다 travel 6 가수 singer 8 제품 product | 허용되다 be allowed (allow ~하도록 허용하다)

(사진을) **찍다**

사진을 찍을 때는 **take**

'사진을 찍다'는 take a picture라고 한꺼번에 외우셨을 텐데요, take에는 '(사진, 엑스레이 등을) 찍다'라는 뜻이 있습니다. 그래서 take a photograph(사진을 찍다), take an X-ray(엑스레이를 찍다)처럼 쓰죠. 그렇다면 '영화를 찍다'라고 할 때도 take를 쓸까요? 잘 생각해 보면 사진 찍는 행위는 영화 촬영보다 아주 짧은 시간에 이루어지죠. 한국어로는 둘 다 '찍다'라고 표현하지만 영화 한 편이 '만들어지는' 시간과 사진 한 장이 '찍히는' 시간의 길이에는 많은 차이가 있어요. 그래서 '영화를 찍다'는 make a film, **순간의 모습을 담은 '사진을 찍다'**는 take a picture라고 표현합니다.

영어 표현을 확인하고 입으로 연습해 봅시다

- [ ] 1 Do you enjoy **taking** pictures?
- [ ] 2 I **took** the picture myself.
- [ ] 3 What did you **take** this picture with?
- [ ] 4 I usually **take** pictures with my iPhone.
- [ ] 5 **To take** pictures of landscapes, I've traveled here and there.
- [ ] 6 We had a chance **to take** a picture with the singer.
- [ ] 7 Would you like me **to take** a picture of you?
- [ ] 8 **Taking** pictures of this product isn't allowed.

이렇게 **문장을** 만들자

3 '휴대폰으로 찍다', '캠코더로 찍다'처럼 촬영 도구를 표현할 때는 전치사 with. 7 '~해 줄까?'는 Do you want me to ~?로 묻지만, 좀 더 정중하게 '~해 드릴까요?' 하고 물을 때는 Would you like me to ~?를 사용하세요. 8 어떤 일을 하지 말라고 경고할 때는 you보다는 행위 자체를 주어로 삼는데, 이때는 Taking처럼 동명사 형태를 주어로 씁니다.

take[10]

MP3 01-10

이 영양제를 얼마나 자주 복용하는 것이 좋을까요?

How often should I take this supplement?

1 단계 take를 활용해 다음 문장을 영어로 말해 봅시다

			TIP
Lv.1	1	이 비타민을 하루에 세 번 드세요.	명령문
	2	난 두통에 어떤 진통제도 먹지 않습니다.	현재시제
Lv.2	3	혹시 예전에 이런 종류의 약을 먹어 본 적 있나요?	have p.p.
	4	규칙적으로 비타민을 복용하는 것은 건강을 유지시킨다.	동명사(-ing)
	5	지금은 어떤 약도 먹지 않는 것이 좋습니다.	had better
	6	내가 너라면, 어떤 진통제도 안 먹을 텐데.	If / would
Lv.3	7	자기 전에 이 알약을 꼭 먹도록 해.	Make sure to
	8	이 알약은 1세기 넘게 전 세계에서 복용되어 왔다.	have been p.p.

이런 **단어로** 말하자

1 비타민 vitamin (미국식 발음은 [비타민]이 아니라 [바이터민]) 2 두통 headache | 진통제 painkiller (단어 그대로 '고통(pain)'을 '죽이는 것(killer)'을 의미합니다) 3 약 medicine, medication 4 규칙적으로 regularly | 유지시키다 keep 5 지금은, 우선은, 당분간은 for now 7 자다, 잠자리에 들다 go to bed 8 세기, 100년 century | 전 세계에서 all over the world

(치료약·영양제를) 먹다·복용하다

모든 종류의
약을 먹을 때는
take

take의 핵심 개념 중 하나인 '내 것으로 만들다, 내 것으로 취하다'라는 의미를 나타내는 대표 표현이 바로 '약을 복용하다'입니다. 약을 먹는다는 건 즉 **약의 좋은 성분을 내 것으로 취하는** 것이잖아요. 한국어로는 '약을 먹다'라고 표현하기 때문에 eat을 써야 한다고 오해하기 쉬운데, 반드시 take를 사용하세요. 아플 때 먹는 약뿐만 아니라 영양제, 비타민 같은 건강보조식품을 먹는 것도 take를 사용합니다.

2 단계 **영어 표현**을 확인하고 입으로 연습해 봅시다

- ☐ 1 **Take** this vitamin 3 times a day.
- ☐ 2 I **don't take** any painkillers for a headache.
- ☐ 3 **Have** you ever **taken** this type of medicine before?
- ☐ 4 **Taking** vitamins regularly keeps you healthy.
- ☐ 5 You'**d better not take** any medication for now.
- ☐ 6 If I were you, I **wouldn't take** any painkillers.
- ☐ 7 **Make sure to take** this pill before going to bed.
- ☐ 8 This pill **has been taken** all over the world for over a century.

이렇게 **문장을** 만들자

4 일반적인 사실을 전할 때는 주어를 Taking처럼 동명사로 표현하세요. 5 강한 조언을 나타내는 had better 뒤에는 동사원형이 오는데, 부정문은 동사 앞에 not을 붙입니다. 6 내가 너라고 가정하는 표현이므로 If 뒤에는 I were를 씁니다. 7 강한 어조의 지시나 당부는 〈Make sure to + 동사〉 또는 〈Make sure you + 동사〉. 8 '복용되다'는 수동태로 표현하면 되는데, 과거부터 현재까지 지속된 사실을 나타내므로 현재완료시제(have p.p.)를 쓰세요.

take[11]

MP3 01-11

내 충고를 진지하게 받아들이는 게 어때?

Why don't you take my advice seriously?

생각해 볼게.

take를 활용해 다음 문장을 영어로 말해 봅시다

			TIP
Lv.1	1	그의 의견을 진지하게 받아들이세요.	명령문
	2	나는 재미있는 일자리를 받아들이고 싶어.	want to
Lv.2	3	전 제안을 하나 받았는데 그 일을 받아들일 거예요.	will
	4	우리는 의뢰인으로부터 온 제안을 받아들이기로 결정했다.	과거시제
	5	네 생각에 우리가 그 제안을 받아들이는 것이 좋겠니?	should
	6	구글에서 온 제안을 받아들일 의향이 있나요?	be willing to
Lv.3	7	어떤 사람들은 이 세상을 당연시 여기는 경향이 있습니다.	tend to
	8	너는 과정을 진지하게 받아들이는 것이 어때?	Why don't you

이런 **단어로** 말하자

1 의견 opinion | 진지하게 seriously (부사이므로 -ly를 붙입니다) 3 제안 offer 4 의뢰인 client | ~을 결정하다 decide 5 제안 suggestion (offer는 구체적인 일자리나 기회에 대한 제안, suggestion은 의견에 대한 제안) 6 ~할 의향이 있다 be willing to 7 ~하는 경향이 있다 tend to 동사 (tend 경향이 있다) | ~을 당연시하다 take ~ for granted 8 과정, 여정 journey (인생, 경험 등의 '여정')

(제안•조언•충고•의견 등을) **받아들이다**

뭔가를 내 걸로 받아들이는 것은 **take**

'(제안, 조언, 충고, 의견을) 받아들이다'라는 의미로 take를 사용합니다. '제안 왔는데 그 일 할 거야'에서 '하다'라는 말 때문에 do를 떠올리기 쉽지만 맞는 동사는 take입니다. 여기서 '할 거야'는 '받아들일 거야'라는 의미이기 때문이죠. '~을 어떠하게 여기다/생각하다' 역시 think로 오해하기 쉬운데, 결국 어떠한 것을 **받아들인다**는 개념이므로 take를 써야 됩니다. '중요하게/심각하게/특별하게 여기다[생각하다]'처럼 쓰는 경우가 많다 보니, 이때는 부사와 짝을 이루는 경우가 많다는 점도 기억해 두세요.

2단계 **영어 표현**을 확인하고 입으로 연습해 봅시다

□ 1 **Take** his opinion seriously.

□ 2 I **want to take** an interesting job.

□ 3 I got an offer, and I **will take** it.

□ 4 We **decided to take** the offer from the client.

□ 5 Do you think we **should take** the suggestion?

□ 6 **Are** you **willing to take** the offer from Google?

□ 7 Some people **tend to take** this world for granted.

□ 8 **Why don't you take** the journey seriously?

이렇게 **문장을** 만들자

2 구어에서는 want to를 줄여서 wanna라고도 말합니다. 3 이 문장에서 take 뒤에는 앞에 나온 an offer를 나타내는 대명사 it을 꼭 써야 합니다. 4 '~하기로 결정하다'는 〈decide to 동사〉이며, 제안(offer)을 한 주체는 from(~으로부터)으로 연결할 수 있어요. 5 '우리가 ~하는 게 좋겠니?' 하고 상대방에게 의견을 물을 때는 Do you think we should ~?

make

저자 강의 02

make – made – made

전에 없던 것이 생기다

take, get과 더불어 일상 회화에서 사용 빈도 TOP 3 안에 드는 make는 '만들다'라는 대표적인 뜻을 가진 동사예요. 하지만 make에는 짐작하기 어려운 뜻도 있습니다. '자기 전에 반드시 영어 연습하도록 해. / 어제 전화로 식당 예약했어요. / 제가 하는 일이 저를 행복하게 합니다 / 돈을 많이 벌었어요' 같은 표현을 모두 make로 말할 수 있어요. 심지어는 계획이나 목표를 이루었을 때 '해내다'라는 표현도 make it이라고 표현하죠.

make의 핵심 개념은 어떤 행위를 통해 '전에 없던 것이 생기다', '변화가 생기다', '애쓰고 노력하다'입니다. 대부분의 영영 사전에서 make의 핵심 의미를 create(창조하다)이라고 정의하는 이유지요.

make의 핵심 개념에 유의하면서 실제 문장에서 make가 어떤 다양한 뜻으로 사용되는지 알아봅시다.

make의 핵심 의미

- ☐ (사물 · 음식 · 관계 등을) **만들다**

  누구 케이크 만들 수 있는 사람 있어?
  Can anybody **make** a cake?

- ☐ (돈을) **벌다** • (수익 · 이익을) **내다**

  그녀가 돈을 잘 번다고 들은 적이 있어.
  I have heard that she **makes** good money.

- ☐ (연설 · 발표 · 안내 등을) **하다**

  혹시 영어로 연설해 본 적 있어요?
  Have you ever **made** a speech in English?

- ☐ (실수를) **하다** • (추천 · 제안을) **하다**

  저는 같은 실수를 두 번 한 적이 거의 없어요.
  I hardly ever **make** the same mistake twice.

- ☐ (노력을) **하다** • (향상 · 발전을) **하다**

  우리는 그게 되게 하려고 노력을 기울였어요.
  We have **made** an effort to get it done.

- ☐ (예약을) **하다**

  내가 전화로 자리 하나 예약했어요.
  I **made** a reservation for a table on the phone.

- ☐ (결정을) **하다**

  나는 그 기회를 잡기로 마음먹었어.
  I've **made** up my mind to take the chance.

- ☐ (계획을) **하다**

  나 휴가 계획 세우는 중이야.
  I'm **making** plans for the holiday.

- ☐ (무언가를 · 누군가를) **~되게 하다** • (누군가를) **~하게 하다**

  제가 하는 일이 저를 살아있다고 느끼게 해요.
  What I do **makes** me feel alive.

make[1]

MP3 02-01

누구 케이크 만들 수 있는 사람 있어?

Can anybody make a cake?

Well, I have made a cake before.

음, 내가 전에 만들어 본 적 있어.

1 단계 make를 활용해 다음 문장을 영어로 말해 봅시다

			TIP
Lv.1	1	난 새 친구들을 사귀고 싶어요.	want to
	2	너 홈페이지 만들 수 있니?	Can you
Lv.2	3	오늘은 내가 저녁 할 차례야.	It's
	4	우리 웃긴 표정 짓자.	Let's
	5	혹시 당신 자신의 영상을 만들어 본 적 있나요?	have p.p.
	6	이건 프레젠테이션을 위해 제가 만든 슬라이드들입니다.	These are
Lv.3	7	이 가방은 인조 가죽으로 만들어졌나요?	be p.p.
	8	그 학생들은 이 수업을 위해 단편 영화를 만들고 있어요.	be -ing

이런 **단어로** 말하자

2 홈페이지 web page (home page는 인터넷에 연결했을 때 처음으로 나타나는 '첫 화면'을 일컫는 단어이므로 두 단어를 혼동하지 않도록 주의하세요) 3 차례 turn 4 웃긴 funny | 표정 face 5 영상 video clip 6 프레젠테이션, 발표 presentation | 슬라이드 slide 7 인조의, 인공적인 artificial | 가죽 leather 8 단편 영화 short film

(사물•음식•관계 등을) 만들다

어떤 사물, 음식, 사람과의 관계 등을 '만들다'에 해당하는 모든 표현은 make를 써서 할 수 있어요. make의 핵심 개념은 '노력 및 행위에 의해 **없던 것이 생겨나다**'인데, 물건이나 음식처럼 눈에 보이는 것이 어떤 노력과 행동에 의해 생겨났을 때 make를 써서 표현합니다. '표정을 짓다', '포즈를 취하다' 역시 좀 전과 다른 표정과 포즈를 만들어내는 행위이므로 make로 표현할 수 있죠. 또 눈에 보이지는 않지만 새로 생긴 사람과의 관계도 마찬가지로 make를 활용할 수 있습니다. 예를 들어 '친구를 사귀다' 역시 지금까지 없던 관계가 새로 생겨난 것이므로 make a friend라고 하죠.

영어 표현을 확인하고 입으로 연습해 봅시다

- ☐ 1 I **want to make** new friends.
- ☐ 2 **Can you make** a web page?

- ☐ 3 It's my turn **to make** dinner today.
- ☐ 4 Let's **make** funny faces.
- ☐ 5 **Have** you ever **made** a video clip of yourself?
- ☐ 6 These are the slides I **made** for the presentation.

- ☐ 7 **Is** this bag **made** of artificial leather?
- ☐ 8 The students **are making** a short film for this class.

• • •
이렇게 **문장을** 만들자

3 '~할 차례'는 미래에 할 일을 의미하므로 turn for -ing가 아니라 turn to 동사. 6 the slides를 꾸미는 형용사절 that I made에서 보통 목적격 관계대명사 that은 생략합니다. 7 만든 재료를 밝힐 때는 be made 뒤에 전치사 of, from, with를 모두 쓸 수 있지만, 여기처럼 재료의 형태만 변화할 때는 전치사 of를 사용합니다.

make[2]

MP3 02-02

그녀가 돈을 잘 번다고 들은 적이 있어.

I have heard that she makes good money.

She looks better than before, doesn't she?

그녀가 전보다 좋아 보이네. 안 그래?

1 단계 **make**를 활용해 다음 문장을 영어로 말해 봅시다

			TIP
Lv.1	1	난 돈을 잘 벌고 싶어요.	want to
	2	넌 얼마 벌었니?	과거시제
Lv.2	3	이것은 돈 되는 사업이에요.	This is
	4	다행히 우리는 올해 더 높은 이윤을 남기고 있어요.	be -ing
	5	그 회사는 이번 분기에 얼마나 벌었습니까?	have p.p.
	6	전 올해 십만 달러 넘게 벌었어요.	have p.p.
Lv.3	7	온라인에서 돈 버는 좋은 방법들이 있을까요?	Are there
	8	내가 알기로는, 누구라도 이것을 해서 돈을 벌 수 있습니다.	can

이런 **단어로** 말하자

1 돈을 잘 벌다, 돈을 많이 벌다 make good money(여기서 good은 '많은'이란 뜻) 3 돈 되는 money-making 4 다행히 fortunately | 더 높은 high | 이윤 profits 5 분기 quarter 6 십만(100,000) a hundred thousand 7 온라인에서 online (전치사가 포함된 단어이므로 on online처럼 쓰지 않습니다) 8 내가 알기로는 as I know | 누구라도 anyone

(돈을) 벌다 • (수익•이익을) 내다

돈 버는 걸
표현하는
make

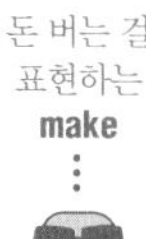

'돈을 벌다'는 earn money라는 표현도 있지만 일상 회화에서는 **make** money를 일반적으로 더 많이 씁니다. 돈 버는 것뿐만 아니라 수익, 이윤, 이익을 내는 행동도 모두 make로 표현할 수 있어요. 예를 들어 '이윤을 남기다'는 **make** a profit, '이윤을 남기는 사업'은 a profit-**making** business라고 하죠. 엄청난 양의 '재산, 큰돈'을 표현할 때는 money 대신 fortune이란 단어를 쓰는데, '큰돈을 벌다'도 **make** a fortune이라고 합니다. fortune에는 '운(luck)'이란 뜻도 있어서 좋은 운이 따라야 그렇게 큰돈을 벌 수 있다는 의미의 표현이기도 하죠.

2 단계 **영어 표현**을 확인하고 입으로 연습해 봅시다

☐ 1 I **want to make** good money.

☐ 2 How much money did you **make**?

☐ 3 This is a **money-making** business.

☐ 4 Fortunately, we **are making** higher profits this year.

☐ 5 How much **has** the company **made** this quarter?

☐ 6 I **have made** over 100,000 dollars this year.

☐ 7 Are there any good ways **to make** money online?

☐ 8 As I know, anyone **can make** money by doing this.

이렇게 **문장을** 만들자

2 여기에서 '얼마'는 '얼마나 많은 돈'을 뜻하므로 how much money라고 표현하세요. 3 수많은 사업(business) 중 하나를 의미하므로 앞에 관사 a를 써 주세요. 4 '올해'라는 특정 시간 동안 일어난 일을 말하므로 현재진행시제(be -ing)로 표현합니다. 5 말하는 시점에서 아직 이번 분기가 끝나지 않고 이어지고 있으므로 현재완료시제(have p.p.)를 씁니다. 8 방법을 나타내는 '~함으로써, ~해서'는 by -ing.

make[3]

MP3 02-03

혹시 영어로 연설해 본 적 있어요?

Have you ever made a speech in English?

Yes, a couple of times
네, 두어 번이요.
두근두근

make를 활용해 다음 문장을 영어로 말해 봅시다

			TIP
Lv.1	1	당신은 연설하는 데 소질이 있나요?	be good at
	2	넌 아주 멋진 연설을 했어.	과거시제
Lv.2	3	내일은 내가 프레젠테이션 할 차례예요.	It's
	4	나는 그 일로 그들을 돕겠다고 약속했어요.	과거시제
	5	너 전에 수업에서 발표한 적 있지, 그렇지?	have p.p.
	6	그 장관이 지금 성명을 발표하는 중입니다.	be -ing
Lv.3	7	전 오늘 아침에 말할 전달사항이 있습니다.	to 동사
	8	내가 사람들 앞에서 연설하는 데 소질이 있으면 좋겠는데.	I wish

이런 **단어로** 말하자

1 연설, 스피치 speech | ~에 소질이 있다 be good at 3 프레젠테이션, 발표 presentation | 차례 turn 4 약속 promise 5 수업에서, 수업 시간에 in class 6 장관 minister | (중요 사안에 대한) 성명을 발표하다 make a statement 7 전달사항, 안내사항 announcement 8 사람들 앞에서 in public (public 대중)

(연설•발표•안내 등을) 하다

말을 통해 전달하는 것은 **make**

연설(speech), 발표(presentation), 약속(promise), 안내(announcement), 성명(statement) 등 **말을 통해 어떤 내용을 전달하는 행위**는 모두 동사 make로 표현할 수 있어요. 한국어로는 '발표를 하다 / 연설을 하다 / 안내를 하다'처럼 '하다'라는 서술어를 쓰지만, 영어에서는 do가 아닌 make를 씁니다. 앞에서 make의 핵심 개념이 '어떤 행위에 의해 없던 것이 생겨나다'라고 했는데, 말하는 행위를 통해 '내용 전달'이라는 결과가 생긴다고 생각하면 이해하기 쉽습니다.

2단계 **영어 표현**을 확인하고 입으로 연습해 봅시다

- ☐ 1 Are you good at **making** speeches?
- ☐ 2 You **made** such a great speech.
- ☐ 3 It's my turn **to make** a presentation tomorrow.
- ☐ 4 I **made** a promise to help them with it.
- ☐ 5 You **have made** a presentation in class before, haven't you?
- ☐ 6 The minister **is making** a statement at the moment.
- ☐ 7 I have an announcement **to make** this morning.
- ☐ 8 I wish I were good at **making** speeches in public.

이렇게 **문장을** 만들자

2 '매우, 아주'라는 의미로 형용사를 꾸밀 때는 so나 very, '아주 ~한'이라고 명사를 꾸밀 때는 such. 5 '그렇지?' 하고 내 의견에 동의를 구할 때 쓰는 부가 의문문은 앞 문장이 긍정이면 haven't you?처럼 부정으로 씁니다. 7 전달사항이 '있다'를 나타낼 때는 동사 have를 쓰세요. 8 내가 원하는 바가 현실과 다른 경우 〈I wish I + 동사 과거형〉으로 표현하세요.

make[4]

MP3 02-04

네, 저는 같은 실수를 두 번 한 적이 거의 없어요.

Yes, I hardly ever make the same mistake twice.

There isn't the same mistake in your writing.
글에 같은 실수가 없네요.

1단계 make를 활용해 다음 문장을 영어로 말해 봅시다

			TIP
Lv.1	1	방금 작은 실수를 했어요. 미안해요.	과거시제
	2	제가 제안 하나 할게요.	Let me
Lv.2	3	너희들을 위해 추천 하나 해도 될까?	Can I
	4	다시는 같은 실수를 안 하려고 애쓰는 중입니다.	be -ing
	5	실수를 하지 않으려고, 난 아주 조심했어요.	Not to 동사
	6	다양한 제안을 함으로써 우리는 소통할 수 있다.	by -ing
Lv.3	7	이 상황을 위해 제가 제안 하나 해도 될까요?	Is it okay
	8	제가 당신을 위해 권고하게 되면 좋을 것 같아요.	would be

이런 **단어로** 말하자

1 (이제) 막, 방금 just 2 제안 suggestion 3 너희들 you guys (구어에서 여러 사람을 함께 지칭할 때 쓰는 표현) | 추천, 권고 recommendation 4 같은 same 5 조심하는 careful 6 다양한 various | (의사)소통하다 communicate 7 상황 situation

(실수를) 하다 • (추천•제안을) 하다

실수와 제안이 생겨날 때는 **make**

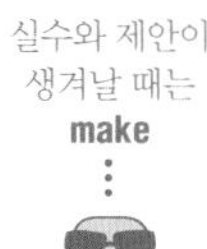

'실수'는 mistake란 한 단어로 표현할 수 있는데요, '실수하다'를 표현할 때는 동사 make가 필요합니다. 부주의해서 없던 실수가 **'생겨난'** 상황임을 떠올리면 make를 연상하기 쉽지요. 또한 추천(recommendation), 제안(suggestion)처럼 상대에게 어떤 **'권유'**를 하는 행동도 make를 써서 표현할 수 있습니다. 한국어의 '하다'란 말 때문에 do를 떠올리기 쉽지만, do는 어디까지나 '행위를 하는 것'을 의미한다는 사실을 기억해 두세요.

영어 표현을 확인하고 입으로 연습해 봅시다

- ☐ 1 I just **made** a small mistake. Sorry.
- ☐ 2 **Let me make** a suggestion.
- ☐ 3 **Can I make** a recommendation for you guys?
- ☐ 4 I'm trying **not to make** the same mistake again.
- ☐ 5 **Not to make** any mistakes, I was very careful.
- ☐ 6 We can communicate **by making** various suggestions.
- ☐ 7 **Is it okay** for me **to make** a suggestion for this situation?
- ☐ 8 I would be happy **to make** a recommendation for you.

이렇게 **문장을** 만들자

2 '내가 ~할게요'라고 할 때 〈Let me + 동사〉. 4 '~하려고 애쓰다'는 〈try to 동사〉, '~하지 않으려고 애쓰다'는 〈try not to 동사〉. 7 '내가 ~해도 될까요?'는 〈Is it okay for me to + 동사?〉로 표현합니다. to make a suggestion하는 주체를 for me로 밝힐 수 있죠. 8 '~하게 되면 좋을 것 같아요'를 세련되게 〈would be happy to + 동사〉로 말할 수 있습니다.

make[5]

MP3 02-05

고마워요. 우리는 그게 되게 하려고 노력을 기울였어요.

Thank you. We have made an effort to get it done.

Excellent!
What a great job!

훌륭해요!
잘해냈군요!

1 단계 make를 활용해 다음 문장을 영어로 말해 봅시다

			TIP
Lv.1	1	너도 향상할 수 있어.	can
	2	제가 노력하겠다고 약속할게요.	will
Lv.2	3	우리 팀은 놀랄 만한 진전을 하고 있습니다.	be -ing
	4	당신은 어떻게 이렇게 크게 향상했나요?	과거시제
	5	당신은 발음에 있어 향상했군요.	have p.p.
	6	우리가 이번 달에 진전을 이루었다는 것을 듣게 돼서 좋아요.	과거시제
Lv.3	7	우리는 조건을 만족시키기 위해 가능한 모든 노력을 했어요.	과거시제
	8	연습하는 것은 말하기를 향상하는 가장 좋은 방법입니다.	to 동사

이런 **단어로** 말하자

1 향상 improvement 2 약속하다 promise 3 놀랄 만한 remarkable | 진전 progress 5 발음 pronunciation 6 ~을 듣다 hear 7 조건을 만족시키다 meet the conditions (condition (요구) 조건) 8 연습하다 practice | 말하기 speaking

(노력을) **하다** • (향상•발전을) **하다**

노력해서
이루는 것은
make

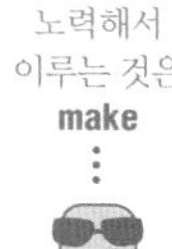

'노력하다'라고 하면 동사 try를 떠올리는 경우가 많은데요, 잘 안 닫히는 문을 닫으려고 애쓰는 단순한 행위는 try(시도하다, 애쓰다)지만, 목표를 이루기 위해 애쓰는 선택적인 노력은 **make** an effort(노력을 기울이다)입니다. 앞에서 make의 핵심 개념이 '생겨남'이라고 했는데, 노력해서 향상, 발전, 진전이 생겨나잖아요. 그러니 **make** an improvement(향상하다, 개선하다), **make** progress(발전하다, 진전하다)라는 표현도 자연스럽게 이해될 겁니다.

2단계 **영어 표현**을 확인하고 입으로 연습해 봅시다

☐ 1 You too **can make** an improvement.

☐ 2 I promise I **will make** an effort.

☐ 3 Our team **is making** remarkable progress.

☐ 4 How did you **make** this great improvement?

☐ 5 You **have made** improvements in your pronunciation.

☐ 6 It's good to hear that we **made** progress this month.

☐ 7 We **made** every possible effort to meet the conditions.

☐ 8 Practicing is the best way **to make** improvements in speaking.

이렇게 **문장을** 만들자

2 '~라고 약속하다'는 〈promise (that) + 주어 + 동사〉로 표현하는데, that은 생략할 수 있어요. '~할게요'라고 내 의지를 나타낼 때는 will을 씁니다. 5 발음 전체에 대한 여러 향상을 의미하므로 복수형 improvements를 씁니다. 6 어떤 소식을 듣게 돼서 ~하다고 할 때는 〈It is + 형용사 + to hear that + 주어 + 동사〉로 표현하세요. 8 주어가 '연습'이 아니라 '연습하는 것'이므로 동명사 Practicing을 씁니다.

make[6]

MP3 02-06

내가 전화로 자리 하나 예약했어요.

I made a reservation for a table on the phone.

I want to try the food at that restaurant.
저 식당에서 먹어 보고 싶네요.
이태리 집밥
한 달 전에는 예약해야 된대요.

make를 활용해 다음 문장을 영어로 말해 봅시다

			TIP
Lv.1	1	(식당을) 예약하려고 전화드렸어요.	I'm calling
	2	언제 예약하셨나요? <병원에서>	과거시제
Lv.2	3	Han 박사님과 예약하는 거 가능할까요?	Is it possible
	4	이번 주 금요일에 (식당) 자리 하나 예약할 수 있을까요?	Can I
	5	(호텔을) 온라인으로 예약하는 것이 더 쉽습니다.	to 동사
	6	난 지난주 금요일에 그 치과의사와 예약했어요.	과거시제
Lv.3	7	예약되셨습니다. <식당에서>	have been p.p.
	8	우리는 미리 (호텔을) 예약했어야 했어.	should have p.p.

이런 **단어로** 말하자

1 전화하다 call 3 박사님 Dr. (= Doctor) | 가능한 possible 4 이번 주 금요일 this Friday 5 온라인으로 online | 더 쉬운 easier (easy의 비교급 표현) 6 지난주 금요일 last Friday | 치과의사 dentist 8 미리, 사전에 in advance

(예약을) 하다

없던 예약이 생기는 것은 **make**

'예약을 하다'라고 할 때는 동사 do가 아니라 make를 씁니다. 예약하는 행위에 의해 '예약' 하나가 리스트에 올려지잖아요. make가 이렇게 **없던 예약이 생기는 것**을 표현합니다. 영어에서 '예약'을 뜻하는 단어는 두 개이므로 구분해서 알아둬야 하는데, 식당 자리, 비행기나 기차 등의 좌석, 호텔을 비롯한 숙박시설 같은 '공간'에 대한 예약은 reservation이지만, 병원, 상담, 미용실 등 '사람과의 만남'이 이루어지는 예약은 appointment라고 해요. 그래서 공간에 대한 '예약을 하다'는 **make** a reservation, 사람과의 만남이 있는 '예약을 하다'는 **make** an appointment가 됩니다.

2 단계 **영어 표현**을 확인하고 입으로 연습해 봅시다

- ☐ 1 I'm calling **to make** a reservation.
- ☐ 2 When did you **make** an appointment?
- ☐ 3 Is it possible **to make** an appointment with Dr. Han?
- ☐ 4 **Can I make** a reservation for a table for this Friday?
- ☐ 5 It's easier **to make** a reservation online.
- ☐ 6 I **made** an appointment with the dentist last Friday.
- ☐ 7 Your reservation **has been made.**
- ☐ 8 We **should have made** a reservation in advance.

• • •
이렇게 **문장을** 만들자

2 병원에서 의사를 만나는 건 사람과의 만남이므로 appointment. 3 누구와의 예약인지 말할 때는 전치사 with를 쓰세요. 4 요일 앞이라고 해서 무조건 전치사 on을 쓰는 건 아니에요. '금요일로' 예약한다는 의미이므로 for를 사용하세요. 7 예약된 결과를 표현하는 문장인데, 예약(Your reservation)이 주어이므로 현재완료시제를 나타내는 have p.p와 수동태 be p.p.를 결합해 has been p.p.로 표현해요.

make[7]

MP3 02-07

응, 나는 그 기회를 잡기로 마음먹었어.

Yes, I've made up my mind to take the chance.

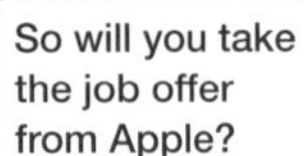

So will you take the job offer from Apple?

그래서 애플사의 제안 받아들일 거야?

1 단계 make를 활용해 다음 문장을 영어로 말해 봅시다

			TIP
Lv.1	1	우리는 드디어 결정을 내렸어요.	have p.p.
	2	당신은 오늘까지 결정을 내려 주실 수 있을까요?	Can you
Lv.2	3	나는 나만의 사업을 시작하기로 마음먹었어요.	have p.p.
	4	이 회의는 결정 내리기 위한 것입니다.	for
	5	최종 결정을 하려고 많이 생각해 봤어요.	have been -ing
	6	우리는 그 제안을 받아들이기로 마음먹었어야 했어.	should have p.p.
Lv.3	7	내가 너라면 나는 그렇게 빨리 결정 안 할 텐데.	wouldn't
	8	당신은 결정을 내려야 할 때 무엇을 고려합니까?	have to

이런 **단어로** 말하자

1 드디어 finally 2 오늘까지 by today (동작이 완료되는 시점을 나타낼 때는 전치사 by를 씁니다) 3 나만의 my own (own 자신의) 4 회의 meeting | 결정 내리기 decision making 5 최종 결정 the final decision (final 최종의, 마지막의) | 많이 a lot 6 그 제안을 받아들이다 take the offer (offer 제안) 7 그렇게 빨리 that fast (fast 빨리) 8 ~을 고려하다 consider

(결정을) **하다**

마음먹고
결정하는 것은
make

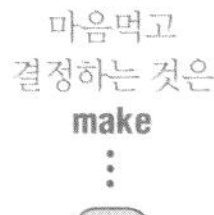

'결정하다'는 동사 decide 하나로 표현할 수도 있지만 make를 써서 **make** a decision이라고도 할 수 있습니다. 그럼 이 둘의 의미 차이는 뭘까요? decide는 즉각적으로, 혹은 가볍게 결정한다는 의미인 반면, make a decision은 결정하기 위해 오래 혹은 신중하게 생각했다는 느낌이 강한 표현입니다. 한국어에도 '결정하다'뿐만 아니라 '결정을 내리다 / 결단을 내리다 / 마음을 굳히다'처럼 보다 진중한 느낌을 주는 표현들이 있잖아요. make가 그런 느낌을 만들어 낸다고 생각하시면 됩니다. '결정을 하다'와 비슷한 의미인 '마음을 먹다'도 구동사 make up을 활용해 **make up** one's mind라고 하죠.

2 단계 **영어 표현**을 확인하고 입으로 연습해 봅시다

☐ 1 We **have** finally **made** a decision.

☐ 2 **Can you make** a decision by today?

☐ 3 I **have made up my mind** to start my own business.

☐ 4 This meeting is for decision **making**.

☐ 5 I have been thinking a lot **to make** the final decision.

☐ 6 We **should have made up our minds** to take the offer.

☐ 7 If I were you, I **wouldn't make** a decision that fast.

☐ 8 When you **have to make** a decision, what do you consider?

이렇게
문장을
만들자

1 부사 finally(마침내)는 have와 p.p. 사이에 옵니다. 3 '언제 마음먹었는지'가 아닌 마음먹은 현재 상태를 강조하므로 현재완료시제(have p.p.)를 쓰세요. 4 '~하기 위한'이라고 목적을 표현할 때는 전치사 for. 5 '계속 생각해 왔다'라는 의미이므로 현재완료진행형(have been -ing)을 쓰세요. 6 '제안을 받아들이기로 마음먹다'는 미래의 의미를 담고 있으므로 taking이 아니라 to take. 8 '무엇을 고려합니까?'는 What is the thing you consider?라고 해도 됩니다.

make[8]

MP3 02-08

응! 나 휴가 계획 세우는 중이야.

Yup! I'm making plans for the holiday.
룰루랄라~
이 날은 뭘 할까?

Are you busy?

너 바쁘니?

1 단계 **make**를 활용해 다음 문장을 영어로 말해 봅시다

			TIP
Lv.1	1	난 새 계획을 세우고 있어.	be -ing
	2	나는 특별한 계획 세우는 것을 즐깁니다.	enjoy -ing
Lv.2	3	뭔가 새로운 일을 할 계획은 세웠니?	have p.p.
	4	우리는 전 세계를 여행할 계획을 짜고 있는 중이에요.	be -ing
	5	그 계획 세우는 일은 다 잘되고 있는 중인가요?	Is everything
	6	새 계획 세우는 일들은 잘되고 있는 중입니다.	Things
Lv.3	7	새 계획을 짜는 것은 항상 나를 흥분하게 해요.	동명사(-ing)
	8	당신은 계획을 세울 때 무엇을 고려합니까?	현재시제

이런 **단어로** 말하자

2 특별한 special | ~을 즐기다 enjoy 4 전 세계 all over the world | 여행하다 travel ('여행'이라는 뜻의 명사도 됩니다) 5 ~이 잘되다 go well with (go 뒤에 상태를 나타내는 형용사를 쓰면 '~하게 되어가다'라는 의미를 나타낼 수 있습니다) 7 항상 always | 흥분한, 신난 excited 8 ~을 고려하다 consider

(계획을) 하다

계획하고
이루고 해냈다면
make

plan은 명사로는 '계획', 동사로는 '계획하다'라는 뜻입니다. 이런 plan이 make를 만나 **make** a plan이 되면 '계획하다'에서 '계획을 **짜다**, 계획을 **세우다**'처럼 좀 더 구체적인 느낌을 갖게 되지요. make의 핵심 개념 중 하나인 '행동에 의해 없던 것이 생겨나다'의 좋은 예시가 바로 '계획하다'라는 의미로 쓸 때입니다. 휴가 계획을 세우는 것처럼 특정 상황에서는 다양한 계획을 세우므로, 복수형을 써서 make plans라고 쓰는 경우가 많습니다. 참고로 계획이나 목표를 이루었을 때 '해내다'라는 표현도 make를 활용해 make it이라고 합니다.

영어 표현을 확인하고 입으로 연습해 봅시다

- ☐ 1 I'm **making** new plans.
- ☐ 2 I enjoy **making** special plans.

- ☐ 3 **Have** you **made** any plans to do something new?
- ☐ 4 We **are making** plans to travel all around the world.
- ☐ 5 Is everything going well with **making** the plans?
- ☐ 6 Things are going well with **making** new plans.

- ☐ 7 **Making** new plans always makes me excited.
- ☐ 8 What do you consider when you **make** plans?

이렇게 **문장을** 만들자

2 이미 해 본 일이어야 즐긴다고 말할 수 있으므로 enjoy 뒤에 나오는 동사는 항상 -ing형으로 씁니다. 3 '~할 계획'이므로 미래를 나타내는 to 동사를 사용해 〈plans to + 동사〉. 5 전치사 with 뒤에는 -ing 형태가 옵니다. 7 문장의 주어는 plans가 아닌 '만드는 것(making)'이므로 단수로 봅니다. 그러므로 동사 형태는 makes가 됩니다.

make[9]

MP3 02-09

물론이죠. 제가 하는 일이 저를 살아있다고 느끼게 해요.

Absolutely. What I do makes me feel alive.

Are you happy with your job?
당신 일에 만족하세요?
엣헴!

 **make**를 활용해 다음 문장을 영어로 말해 봅시다

			TIP
Lv.1	1	넌 항상 나를 웃게 해.	현재시제
	2	내가 널 행복하게 (느끼게) 하니?	Do I
Lv.2	3	무엇이 당신을 신나게 (느끼게) 하나요?	What
	4	너와 함께 있는 것은 날 편안하게 느끼게 해.	Being
	5	이 일은 당신이 또 다른 기회를 잡게 할 거예요.	will
	6	연습이 당신의 영어를 유창하게 할 것입니다.	will
Lv.3	7	난 Sam에게 내 차를 운전하게 했어요.	과거시제
	8	어떤 누구도 당신을 열등하다고 느끼게 할 수 없어요.	can

이런 **단어로** 말하자

1 웃다 laugh 2 ~을 느끼다 feel 3 신난, 흥분한 excited (excite 신나게 하다, 흥분하게 하다) 4 편안한 comfortable 5 일 job | 또 다른 another | (기회를) 잡다 take 6 연습 practice | 유창한 fluent 7 (자동차를) 운전하다 drive 8 열등한 inferior(↔ superior 우수한)

(무언가를·누군가를) ~되게 하다 · (누군가를) ~하게 하다

강력한 원인을 표현하는 **make**

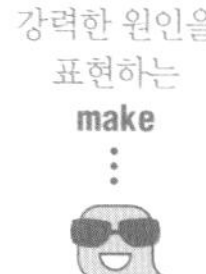

'그것 때문에 행복해'를 영어로 바꿀 때 because를 먼저 떠올리기 쉽지만, 네이티브들은 내 행복의 원인에 초점을 맞춥니다. 즉 '나를 행복하게 **만드는** 것이 바로 그것'이라는 의미에서 더 강력한 어감을 가진 make로 표현합니다. make는 이처럼 어떤 결과의 원인을 말할 때 쓰는데, A로 인해 B가 어떠함을 느끼게 되거나, A로 인해 B가 어떠한 행위를 하는 결과를 나타내므로 **'강력한 원인'**을 표현한다고 할 수 있죠. '(무언가/누군가를) ~되게 하다'는 〈make + 사물/사람 + 형용사〉, '(누군가를) ~하게 하다'는 〈make + 사람 + 동사원형〉 형태로 표현합니다.

영어 표현을 확인하고 입으로 연습해 봅시다

- ☐ 1 You always **make** me laugh.
- ☐ 2 Do I **make** you (feel) happy?
- ☐ 3 What **makes** you (feel) excited?
- ☐ 4 Being with you **makes** me feel comfortable.
- ☐ 5 This job **will make** you take another chance.
- ☐ 6 Practice **will make** your English fluent.
- ☐ 7 I **made** Sam drive my car.
- ☐ 8 **Nobody can make** you feel inferior.

이렇게 **문장을** 만들자

1 make 뒤에 오는 동사는 원형으로 씁니다. 2 동사 feel(느끼다) 없이 형용사 happy만 써도 됩니다. 3 What은 무언가(something)를 의미하는데, 이 의문사가 단수로 주어가 되므로 동사 형태는 makes가 됩니다. 4 수의 개념이 없는 동사는 명사 형태로 바뀐 동명사가 되어도 여전히 단수 취급하므로 동사 형태는 makes. 5 '~ 할 것이다'라는 예상은 조동사 will을 씁니다. 8 '어떤 누구도 ~할 수 없다'는 Anyone can't ~보다는 Nobody can ~으로 표현하는 것이 더 자연스러워요.

have

저자 강의 03

have – had – had

가지고 있다

'~을 가지고 있다'를 의미하는 have는 말 그대로 뭔가를 소유함을 나타낼 때 쓰는 동사입니다. 앞서 배운 make와 take가 다양한 의미로 활용되는 반면, have는 한 가지 의미에 집중해서, 주어가 소유한 모든 것들을 나타낼 때 쓰죠. 이를테면 어떤 사물, 상황, 관계, 일정, 증상 등을 가지고 있는 것을 모두 have로 표현할 수 있어요.

재미있는 사실은 have가 소유하는 상태가 아닌 행위를 표현하는 경우도 있다는 점인데요. 이때는 '~하고 있다'로 해석하지만 자세히 들여다보면 그 역시도 '~하는 상황을 가지고 있다'란 의미가 됩니다. have를 관통하는 핵심은 바로 이 '있다'에 있습니다. '너 내일 시험 있니? / 우리 고양이 키워요. / 옆집에서 파티하고 있군요. / 눈에 다래끼 났어요. / 그 아이들이 말다툼을 했어요.' 같은 다양한 문장을 have로 표현할 수 있죠.

너무나 익숙했던 동사 have의 미처 다 몰랐던 쓰임새까지 이번 기회에 확실하게 알아 둡시다.

have의 핵심 의미

- □ **~이 있다 · ~을 가지고 있다**
  너 신발 몇 켤레 있니?
  How many pairs of shoes do you **have**?

- □ (가족 · 친척 · 친구가) **있다**
  걔는 형제자매가 몇 명 있어?
  How many siblings does he **have**?

- □ (문제 · 다툼 · 사안이) **있다**
  우리에게는 어떤 종류의 문제들이 있나요?
  What kind of problems do we **have**?

- □ (정보가) **있다** · (생각 · 의견이) **있다**
  당신은 혹시 이 문제를 해결할 방법에 대해 어떤 아이디어가 있나요?
  Do you **have** any ideas on how to resolve this problem?

- □ (계획 · 일정이) **있다**
  우리는 12월 마지막 주에 송년회를 합니다.
  We **have** a year-end party in the last week of December.

- □ (건강 관련 증상이) **있다**
  머리가 너무 아파요.
  I **have** a bad headache.

- □ **~을 먹다 · 마시다**
  우리 언제 저녁식사 해요.
  Let's **have** a dinner sometime.

have[1]

MP3 03-01

너 신발 몇 켤레 있니?

How many pairs of shoes do you have?

Probably over 50 pairs.
아마 50켤레는 넘을걸.

1 단계 **have**를 활용해 다음 문장을 영어로 말해 봅시다

			TIP
Lv.1	1	난 필요한 모든 것을 가지고 있어요.	현재시제
	2	그 아이들은 가지고 놀 장난감이 많이 있어요.	to 동사
Lv.2	3	난 가지고 갈 짐이 많지 않아요.	to 동사
	4	너 그 문을 열 열쇠 가지고 있니?	to 동사
	5	그 집에 차고 있나요?	현재시제
	6	너 혹시 여분의 휴대폰 있으면, 내가 빌릴 수 있을까?	If
Lv.3	7	서울에는 올라갈 멋진 산들이 많이 있어요.	to 동사
	8	(과거에) 내게 차가 있었더라면, 내가 널 태워줬을 텐데.	had p.p.

이런 **단어로** 말하자

2 ~을 가지고 놀다 play with (장난감과 '함께' 논다는 의미이므로 with 사용) 3 ~을 가지고 가다 carry | 짐 luggage (셀 수 없는 명사로 보아 '많은 짐'은 many luggage가 아니라 much luggage라고 합니다) 5 차고 garage 6 여분의 extra | 빌리다 borrow ('빌려주다'는 lend) 7 (산을) 오르다 climb | 산 mountain 8 ~을 (차에) 태워주다 give ~ a ride

~이 있다 · ~을 가지고 있다

사물의 소유를 표현하는 **have**

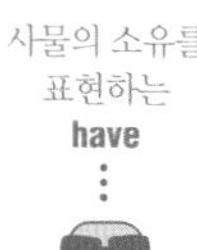

have의 의미 중 가장 많은 사용 빈도를 차지하는 것은 **사물의 소유**에 대한 표현입니다. '펜을 가지고 있다 / 펜이 있다'처럼 말 그대로 사물을 '가지고 있다'란 뜻을 have로 표현하죠. 그런데 have는 사람이 가지고 있는 물건뿐만 아니라 **공간에 무엇이 있음**을 의미할 때도 많이 쓰는 동사예요. '집에 차고가 있다'처럼 어떤 공간에 '~이 있다'라고 할 때는 There is[are] ~로 시작하는 형태도 괜찮지만, 공간 자체를 주어로 사용해 have로 표현하는 것도 좋습니다.

2단계 **영어 표현**을 확인하고 입으로 연습해 봅시다

- ☐ 1 I **have** all I need.
- ☐ 2 The children **have** many toys to play with.
- ☐ 3 I **don't have** much luggage to carry.
- ☐ 4 Do you **have** a key to open the door with?
- ☐ 5 Does the house **have** a garage?
- ☐ 6 If you **have** an extra phone, can I borrow it?
- ☐ 7 Seoul **has** many beautiful mountains to climb.
- ☐ 8 If I'**d had** a car, I would have given you a ride.

이렇게 **문장을** 만들자

1 '내가 필요한 모든 것'은 all that I need인데, 이때 목적격 관계대명사 that은 생략할 수 있습니다. 2 '~할 명사'처럼 동사가 명사를 꾸밀 때도 'to 동사'를 씁니다. 4 '열쇠로 문을 연다'는 '열쇠와 함께', '열쇠를 가지고' 연다는 의미이므로 전치사 with를 사용하세요. 5 '집'이 '차고'를 가지고 있는 것으로 생각해서 주어로 the house를 씁니다. 8 과거 사실에 대한 가정이므로 〈If + 주어 + had p.p., 주어 + would have p.p.〉를 사용합니다.

have²

MP3 03-02

그래? 걔는 형제자매가 몇 명 있어?

He is? How many siblings does he have?

제이크
Jake is from
a large family.
Jake는 대가족이야.

1 단계 **have**를 활용해 다음 문장을 영어로 말해 봅시다

			TIP
Lv.1	1	그에게는 아름다운 아내가 있어요.	현재시제
	2	우리는 친척들이 많이 있어요.	현재시제
Lv.2	3	그녀는 한때 의붓언니가 있었어요.	used to
	4	나에게는 오랜 미국인 친구가 한 명 있어요.	현재시제
	5	난 시드니에 살고 있는 친구들이 몇 명 있어요.	현재분사(-ing)
	6	넌 사촌이 몇 명 있니?	How many
Lv.3	7	우리에게는 전 세계에서 온 많은 친구들이 있어요.	현재시제
	8	나는 가수가 되는 것이 꿈인 남자조카가 한 명 있어요.	whose

이런 **단어로** 말하자

2 친척 relative 3 의붓언니 stepsister (부모의 재혼으로 생긴 가족관계에는 단어 앞에 접두사 step-을 붙입니다) 5 몇몇의 a few ('몇 명', '몇 개' 같은 수를 나타낼 때 명사 앞에 씁니다) 6 사촌 cousin 7 전 세계에서 온 from all over the world 8 가수 singer | 남자조카 nephew ('여자조카'는 niece)

(가족·친척·친구가) **있다**

사람과의 관계를 표현하는 **have**

가족, 친척, 친구 등 어떤 **사람과의 관계가 '있다'**라는 표현도 have로 할 수 있습니다. have는 이미 가지고 있는 상태, 즉 가지고 있는 '결과'를 의미하는 동사입니다. '난 그 자격증 있어요'처럼 어떤 사물을 가지고 있는 결과를 have로 나타낼 수 있는데, '난 가족이 있어요' 역시 어떤 사람과의 관계를 가지고 있는 결과를 나타내므로 have를 쓰죠. 구어에서는 have 대신 have got을 써서 표현하기도 합니다.

2 단계 **영어 표현**을 확인하고 입으로 연습해 봅시다

- ☐ 1 He **has** a beautiful wife.
- ☐ 2 We **have** many relatives.
- ☐ 3 She **used to have** a stepsister.
- ☐ 4 I **have** an old American friend.
- ☐ 5 I **have** a few friends living in Sydney.
- ☐ 6 How many cousins do you **have**?
- ☐ 7 We **have** a lot of friends from all over the world.
- ☐ 8 I **have** a nephew whose dream is to be a singer.

이렇게 **문장을** 만들자

3 used to는 과거에는 한때 그랬지만 지금은 아니라는 뜻을 나타냅니다. 5 현재 친구들이 '살고 있는' 상황을 나타내므로 현재분사 living을 씁니다. 6 how many 뒤에 셀 수 있는 명사가 올 때는 cousins처럼 반드시 복수 형태로 쓰세요. 8 '가수가 되는 꿈을 가진 남자조카'이므로 접속사이자 대명사인 whose로 연결하세요.

have[3]

MP3 03-03

우리에게는 어떤 종류의 문제들이 있나요?

What kind of problems do we have?

Some technical problems.

약간의 기술적인 문제들이요.

1 단계 **have**를 활용해 다음 문장을 영어로 말해 봅시다

			TIP
Lv.1	1	우리는 여기에 어떤 문제가 있나요?	Do we
	2	나는 어떤 금전적인 문제도 없습니다.	don't have
Lv.2	3	한때는 그들에게 다양한 문제가 있었다.	used to
	4	당신은 문제가 있을 때, 누구와 이야기하세요?	When
	5	이 세상은 다양한 환경 문제를 가지고 있습니다.	현재시제
	6	나는 비자 받는 데 아무런 어려움도 없었어요.	과거시제
Lv.3	7	그 부부는 한때 매일 말다툼을 하곤 했어요.	used to
	8	당신에게 건강 문제가 있다면, 반드시 운동하세요.	If

이런 **단어로** 말하자

1 문제 problem 2 금전적인 financial | (걱정거리가 되는) 문제 issue 3 다양한 various 5 환경 문제 environmental issue ('환경 문제', '미세먼지 사안'처럼 누가 봐도 객관적으로 '문제'인 경우는 issue) 6 어려움, 문제 trouble (problem, issue와 달리 셀 수 없는 명사입니다) 7 부부 couple | 말다툼 argument 8 운동하다 do exercise

(문제·다툼·사안이) 있다

문제가 있음을
표현하는
have

어떤 **문제가 '있다'**는 표현 역시 have로 할 수 있습니다. 개인적인 문제, 중요한 사안, 다툼, 어려움 등이 '있다'를 모두 have로 표현하죠. **have** a problem, **have** an issue처럼요. have와 함께 자주 쓰는 problem과 issue의 의미 차이도 잘 정리해 두세요. problem은 '매우 개인적이고 주관적인 문제'를 뜻합니다. 예를 들어 상대에게는 문제지만 내게는 문젯거리가 안 되는 그런 문제는 problem이에요. 반면, issue는 누가 봐도 문제로 보이는 어떤 '사안'을 의미합니다. 정치 관련 기사에 issue라는 단어가 자주 등장하는 이유죠.

2 단계 **영어 표현**을 확인하고 입으로 연습해 봅시다

- ☐ 1 Do we **have** any problem here?
- ☐ 2 I **don't have** any financial issues.

- ☐ 3 They **used to have** various problems.
- ☐ 4 When you **have** a problem, who do you talk with?
- ☐ 5 This world **has** various environmental issues.
- ☐ 6 I **didn't have** any trouble getting a visa.

- ☐ 7 The couple **used to have** arguments every day.
- ☐ 8 If you **have** any health problems, make sure to do exercise.

이렇게 **문장을** 만들자

4 '~와 이야기하다'라고 할 때 〈talk to + 사람〉은 대화하는 대상 그 자체가 중요할 때, 〈talk with + 사람〉은 대화의 주제가 핵심일 때 씁니다. 6 '~하는 데 어려움이 있다'는 have trouble -ing를 사용해서 말하면 됩니다. 8 당부하거나 지시할 때는 '반드시 ~하도록 하세요'란 뜻의 〈Make sure to + 동사〉를 쓰세요.

have[4]

당신은 혹시 이 문제를 해결할 방법에 대해 어떤 아이디어가 있나요?

Do you have any ideas on how to resolve this problem?

네, 그런 것 같아요.

1 단계 have를 활용해 다음 문장을 영어로 말해 봅시다

			TIP
Lv.1	1	나는 한때 그의 번호를 가지고 있었어.	used to
	2	당신의 이메일 주소를 주시겠어요?	Can I
Lv.2	3	이것에 관해 좋은 생각 있는 사람 혹시 있나요?	anybody
	4	그 주식에 대한 정보는 아무도 가지고 있지 않습니다.	Nobody
	5	그녀는 그 일에 관한 모든 정보를 아마 가지고 있을 거야.	might
	6	너 기말고사 결과 가지고 있지 않니?	Don't you
Lv.3	7	너 혹시 그의 연락처 가지고 있는 사람 아니?	anyone that
	8	내가 그녀의 번호를 가지고 있다면, 그녀에게 전화할 텐데.	If

이런 **단어로** 말하자

2 이메일 주소 email address 3 생각, 아이디어 idea 4 주식 stock | ~에 대한 정보 information on[about] ('~에 대한'이라고 할 때 about을 쓰면 '핵심 정보'가 아니라 그것에 관한 '주변 정보'를 의미) 6 기말고사 final exam | 결과 result 7 연락처 contact number 8 ~에게 전화하다 give ~ a call (call 전화)

정보나 생각의
소유를 표현하는
have

어떤 **생각, 의견, 아이디어** 등은 보이지는 않지만 우리 머릿속에 있죠. 즉, have하고 있다고 표현할 수 있습니다. 어떤 **정보나 자료**가 '있다' 역시 마찬가지로 have로 표현 가능하죠. 한국어로는 이름이나 전화번호 같은 개인의 신상 정보를 '알다'라고 표현하지만, 영어에서는 know(알다)보다는 have(가지고 있다)를 써서 표현하는 게 일반적입니다. 예를 들어 상대방의 이름을 물어볼 때도 What's your name?(당신의 이름이 뭐예요?) 대신 Can I have your name?(당신의 이름을 가질 수 있을까요?)이란 표현을 많이 쓰죠.

2 단계 **영어 표현**을 확인하고 입으로 연습해 봅시다

- ☐ 1 I **used to have** his number.
- ☐ 2 **Can I have** your email address?

- ☐ 3 Does anybody **have** any good ideas on this?
- ☐ 4 Nobody **has** any information on that stock.
- ☐ 5 She **might have** all the information about the job.
- ☐ 6 **Don't** you **have** the results of the final exam?

- ☐ 7 Do you know anyone that **has** his contact number?
- ☐ 8 If I **had** her number, I would give her a call.

이렇게
문장을
만들자

3 이것에 '관한' 핵심적인 생각을 표현할 때는 about이 아닌 on을 써요. 4 somebody, everybody, nobody 같은 어휘는 모두 단수 취급하므로 동사는 has. 6 기말고사'의' 결과를 뜻하므로 전치사 of(~의)로 연결하세요. 7 '연락처를 가지고 있는 누군가'는 anyone who보다는 anyone that이 더 회화체 표현입니다. 8 현재 가지고 있지 않은데 가지고 있는 상황을 가정하므로 if절의 동사는 과거 시제 had를 쓰고, 주절에도 조동사의 과거형을 씁니다.

have[5]

MP3 03-05

우리는 12월 마지막 주에 송년회를 합니다.

We have a year-end party in the last week of December.

12월
What is the date of the party?
파티 날짜가 언제인가요?

have를 활용해 다음 문장을 영어로 말해 봅시다

			TIP
Lv.1	1	우리는 곧 회의가 있습니다.	현재시제
	2	우리 다음 테스트는 언제 있어요?	When
Lv.2	3	당신은 혹시 휴가를 위한 특별한 계획이 있나요?	현재시제
	4	당신은 파티 열 계획 있나요?	현재시제
	5	미안한데 오늘 밤에는 (일에 관한) 약속이 있습니다.	Sorry, but
	6	네게 말했듯이, 나는 내일 면접이 있어.	As
Lv.3	7	실례합니다. 저 예약했는데요. <식당에서>	현재시제
	8	지금으로서는, 우리는 작업팀을 더 채용할 계획이 없어요.	현재시제

이런 **단어로** 말하자

1 곧, 금방 in a minute 3 휴가 holiday 4 파티를 열다 throw a party(미국에서는 have a party 대신 이 표현을 많이 씁니다) 5 약속 appointment (공적인 일정이나 업무와 관련된 약속) 6 ~했듯이 as | 면접 job interview 8 지금으로서는 for now | 작업팀, 작업조 work crew | ~을 채용하다 hire

일정이
있는 것은
have

어떤 계획이나 일정(약속, 예약)이 '있다'도 have로 표현할 수 있습니다. '오늘 밤에 약속 **있어요**. / 이번 휴가를 위한 특별한 계획 **있나요**? / 내일 아침 일찍 회의 **있어요**.' 등 일정에 관한 한국어 문장에도 '있다'가 들어가다 보니 have가 자연스럽게 떠오를 거예요. 이때 '예약이 있다'라고 말할 때는 주의가 필요합니다. 숙박시설 같은 곳을 '예약하다'라는 표현은 make a reservation인데, 숙박시설에 도착해서 체크인할 때 '저 예약했거든요'라고 할 때는 make가 아닌 have를 써서 I **have** a reservation.이라고 하거든요. 정확히 말하면 '내 이름으로 된 예약이 있다'는 의미로 이렇게 말하죠.

2단계 **영어 표현**을 확인하고 입으로 연습해 봅시다

- ☐ 1 We **have** a meeting in a minute.
- ☐ 2 When do we **have** the next test?
- ☐ 3 Do you **have** any special plans for the holiday?
- ☐ 4 Do you **have** any plans to throw a party?
- ☐ 5 Sorry, but I **have** an appointment tonight.
- ☐ 6 As I told you, I **have** a job interview tomorrow.
- ☐ 7 Excuse me. I **have** a reservation.
- ☐ 8 For now, we **don't have** any plans to hire more work crews.

이렇게
문장을
만들자

3 휴가를 '위한' 계획을 의미하므로 전치사 for. 6 미래의 일이더라도 면접처럼 약속된 공적인 일정이 있는 것은 현재시제로 표현합니다. 7 식당, 숙박시설, 교통수단처럼 공간에 대한 예약이라면 have a reservation, 병원, 상담, 미용실처럼 사람과의 만남이 있어야 하는 예약이라면 have an appointment.

have[6]

MP3 03-06

머리가 너무 아파요.

I have a bad headache.

머리가 펑펑 도네...
Oh, do you? Since when?
그래요? 언제부터요?

have를 활용해 다음 문장을 영어로 말해 봅시다

Lv.	No.	문장	TIP
Lv.1	1	너 다래끼 났구나.	현재시제
	2	난 목이 부어서 아파요.	현재시제
Lv.2	3	머리 아픈지 얼마나 오래 됐어요?	have p.p.
	4	난 이마에 여드름이 좀 났어요.	현재시제
	5	무슨 일이니? 너 눈에 멍 들었네.	현재시제
	6	이가 아프면, 이 알약을 드세요.	If
Lv.3	7	나는 심한 감기에 걸렸음에도 불구하고 출근했어요.	Though
	8	눈에 멍이 들었을 때, 나는 이 연고를 부드럽게 발랐어요.	When

이런 **단어로** 말하자

1 다래끼 stye 2 따가운 sore (부위가 퉁퉁 부어서 아플 때 쓰는 형용사) 3 머리 아픔, 두통 headache 4 이마 forehead | 여드름 pimple 5 멍 a black eye 6 이 아픔, 치통 toothache | 알약 pill 7 출근하다 go to work (과거형은 went to work) 8 연고 ointment | (연고, 크림, 로션을) 바르다 apply

아픈 것을 표현하는 **have**

건강과 관련된 어떤 **증상이 '있다'**고 할 때 have를 써서 표현합니다. '감기 걸렸어요. / 머리 아파요. / 목이 부었어요. / 여드름 났어요.' 같은 표현에 '있다'는 없지만, 뜯어 보면 그러한 증상을 '가지고 있다'란 뜻이므로 모든 문장은 have로 표현할 수 있습니다. 일상 회화에서 네이티브는 have보다 have got을 많이 쓰죠. 문어체에서는 have만 쓰지만 구어에서는 둘 다 자유롭게 쓸 수 있어요. 간단히 줄여서 I've got, You've got, She's got, He's got처럼 말하죠. 참고로 '~에 알레르기가 있다'라고 할 때는 알레르기에 반응하는 상태를 의미하므로 have를 쓰지 않고 be allergic to라고 표현합니다.

2 단계 **영어 표현**을 확인하고 입으로 연습해 봅시다

- ☐ 1 You'**ve got** a stye.
- ☐ 2 I **have** a sore throat.
- ☐ 3 How long **have** you **had** a headache?
- ☐ 4 I'**ve got** some pimples on my forehead.
- ☐ 5 What happened? You'**ve got** a black eye.
- ☐ 6 If you'**ve got** a toothache, take this pill.
- ☐ 7 Though I **had** a bad cold, I went to work.
- ☐ 8 When I **had** a black eye, I gently applied this ointment.

이렇게 **문장을** 만들자

1 stye(다래끼) 앞에 한 번을 의미하는 a를 반드시 써 주세요. 4 '~에 여드름이 났다'라고 할 때 부위 앞에는 전치사 on. 5 신체에 나타난 증상에 대해 표현할 때, 주어를 your eye가 아니라 사람인 you로 하는 것이 영어다운 표현입니다. 7 '그럼에도 불구하고'를 의미하는 접속사 though 뒤에는 〈주어 + 동사〉가 오며, 과거 상황이므로 과거형 had를 씁니다.

have[7]

MP3 03-07

저도 만나서 반가웠어요. 우리 언제 저녁식사 해요.

Nice meeting you, too. Let's have a dinner sometime.

만나서 반가웠어요.

1 단계 **have**를 활용해 다음 문장을 영어로 말해 봅시다

			TIP
Lv.1	1	가서 커피 좀 마시자.	Let's
	2	나 이번 주는 점심 안 먹어요.	be -ing
Lv.2	3	저녁식사로 보통 뭐 드세요?	현재시제
	4	우리 퇴근하고 맥주 마시는 거 어때요?	How about if
	5	넌 저녁식사로 고기 안 먹지, 그렇지?	부가의문문
	6	너 누구랑 저녁 먹고 있는 중이니?	be -ing
Lv.3	7	나는 레몬을 넣어 홍차 한 잔 마시면 좋겠어요.	would like to
	8	뭔가 기름진 거 먹는 건 좋은 생각 같지 않아요.	I don't think

이런 **단어로** 말하자

3 저녁식사로 for dinner ('점심식사로, 저녁식사로'를 표현할 때 '~으로'는 전치사 for) | 보통 usually 4 퇴근하고, 일 끝나고 after work | 맥주 beer 5 고기 meat 7 홍차 한 잔 a cup of tea ('커피 한 잔'은 a cup of coffee) 8 기름진, 느끼한 greasy

~을 먹다 · 마시다

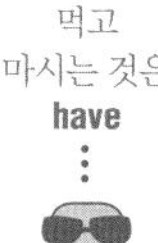

'식사를 **하다** / 밥을 **먹다** / 차를 **마시다** / 술 **한잔하다**' 등의 먹고 마시는 행위에 대한 표현도 have로 할 수 있어요. '전 원래 커피 안 마셔요'처럼 마시는 행위 자체를 의미할 때는 I don't drink coffee.라고 하지만, '친구랑 커피 마시고 있어요'라고 할 때는 I'm having coffee.가 됩니다. 똑같이 '먹다, 마시다'로 해석되지만 강조하는 의미가 달라지면 동사도 다르게 쓰죠. 특히, '식사를 하다'는 단순히 먹는 행동 자체가 아닌 '식사 하는 시간을 가지다'라는 의미에서 have로 표현하면 훨씬 영어다운 표현이 됩니다. 차나 커피 마시는 시간을 갖는 것도 같은 맥락으로 have를 쓰죠.

영어 표현을 확인하고 입으로 연습해 봅시다

☐ 1 **Let's** go and **have** some coffee.

☐ 2 **I'm not having** lunch this week.

☐ 3 What do you usually **have** for dinner?

☐ 4 How about if we **have** some beer after work?

☐ 5 You **don't have** meat for dinner, do you?

☐ 6 Who **are** you **having** dinner with?

☐ 7 **I'd like to have** a cup of tea with lemon in it.

☐ 8 I don't think it's a good idea **to have** something greasy.

이렇게 **문장을** 만들자

2 '이번 주'라는 특정 시간에만 일어나는 일을 의미하므로 be -ing. 현재시제를 쓰면 늘 일어나는 규칙적인 일이 됩니다. 5 내 생각에 대한 동의를 끌어내는 부가의문문은 앞 문장과 긍정, 부정을 반대로 표현합니다. 6 누구와 '함께' 저녁을 먹는지 묻는 것이므로 뒤에 전치사 with를 붙입니다. 7 홍차 안에 레몬을 넣는다는 의미이므로 문장 끝에 in it을 쓰세요. 8 보통 형용사는 명사 앞에 놓지만 something, somebody 같은 단어는 형용사가 뒤에 옵니다.

get

저자 강의 04

get – got – got/gotten

과정

get 하면 즉각적으로 떠오르는 의미는 '얻다'일 텐데요, 이제는 get의 핵심 개념을 '과정'이라고 머릿속에 넣어 두세요. get은 A와 B 사이의 중간 단계를 표현하는 동사입니다. 쉬운 예로 I have a job.은 직업을 가지고 있는 상태인데, 취직하는 것은 직업을 가지기 바로 전 '과정'이기에 '나 취직했어'는 I got a job.이 되지요.

'여기 언제 왔나요? / 날씨가 많이 따뜻해졌어요. / 네 영어가 점점 유창해지고 있구나. / 이 시계 수리 부탁합니다. / 나 드디어 그 자격증 땄어.' 같은 문장 모두 어떤 상태가 되기 이전의 '과정'에 대한 표현이죠. 특히, 상태 변화를 표현하는 〈get + 형용사〉, 그리고 무엇을 '갖게' 되는 과정을 표현하는 〈get + 명사〉 표현은 중요하니 여기서 꼭 익혀 주세요. 또한 get의 과거분사형은 형태가 두 개인데 미국식 영어에서는 gotten, 영국식 영어에서는 got을 주로 사용한다는 것도 기억해 두세요.

get을 실제로 어떻게 활용하는지 들여다볼 준비는 됐나요?

Let's get started!

get의 핵심 의미

□ **~을 획득하다 · 얻다 · 받다**

그거 따는 데 얼마나 걸렸어?
How long did it take to **get** it?

□ (장소에) **도착하다**

전 보통 8시 전에 출근합니다.
I usually **get** to work before 8.

□ **~을 사다**

저분이 먹는 걸로 주시겠어요?
Can I **get** what he is having?

□ (어떠한 상태가) **되다**[1] (get + 형용사)

넌 주로 언제 바빠져?
When do you usually **get** busy?

□ (어떠한 상태가) **되다**[2] (get + 분사형 형용사)

그 영화가 진행될수록, 이야기가 더 재밌어졌어.
As the movie went on, the story **got** more interesting.

□ (~이 어떠한 상태가) **되게 하다**

너 이 차 언제 수리받았니?
When did you **get** the car repaired?

□ **~하게 되다** (get + to 동사) **/**
(사람)**에게 ~하게 하다** (get + 사람 + to 동사)

우리 Tom에게 이 일을 끝내라고 시키자.
Let's **get** Tom to finish this job.

get 1

MP3 04-01

그거 따는 데 얼마나 걸렸어?

How long did it take to get it?

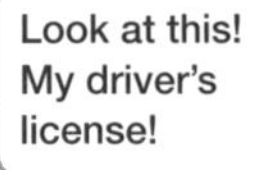
Look at this!
My driver's
license!

이거 봐!
내 운전면허증이야!

이제 차만 사면
되겠네!

1 단계

get을 활용해 다음 문장을 영어로 말해 봅시다

			TIP
Lv.1	1	나 드디어 A학점 받았어.	과거시제
	2	넌 점수 몇 점 받았니?	과거시제
Lv.2	3	그 자격증을 따려면, 당신은 이 강의를 수강해야 합니다.	to 동사
	4	너는 언제까지 그 자격증을 따야 하니?	By when
	5	운전면허증 따는 데 오래 걸리나요?	현재시제
	6	영국에서는 학생들이 3년 안에 학사 학위를 받습니다.	현재시제
Lv.3	7	미국 비자를 받으려면, 우리는 그밖에 무엇이 필요한가요?	to 동사
	8	나는 전부 A를 받는 것이 목표인 친구가 한 명 있어요.	whose

이런 **단어로** 말하자

1 A학점 an A (학점을 나타내는 A는 셀 수 있는 명사이므로, 한 과목의 점수를 의미할 때는 반드시 앞에 an을 붙입니다) 2 점수 mark 3 자격증 certificate | 강의, 강좌 course 5 운전면허증 driver's license 6 영국 England | 학사 학위 bachelor's degree ('석사 학위'는 master's degree) 7 미국 비자 U.S. visa | 그밖에 else 8 목표 goal

~을 획득하다·얻다·받다

새로
얻는 과정은
get

앞에서 배운 have는 이미 가지고 있는 상태, 즉 결과를 의미하는 동사입니다. 예를 들어 '난 그 자격증 있어요'라는 문장은 이미 가지고 있는 '결과'를 의미하므로 have로 표현하죠. 반면 get은 have의 전 단계인 점수, 자격증, 학위, 직업 등을 **'획득하는' 과정**을 나타내는 동사예요. '자격증을 **따다** / 점수나 학위를 **받다** / 직업을 **얻다**'처럼 어떤 것을 획득한다는 의미를 나타내는 동사가 바로 get입니다.

영어 표현을 확인하고 입으로 연습해 봅시다

- ☐ 1 I finally **got** an A.
- ☐ 2 How many marks did you **get**?

- ☐ 3 **To get** the certificate, you have to take this course.
- ☐ 4 By when do you **have to get** the certificate?
- ☐ 5 Does it take long **to get** a driver's license?
- ☐ 6 In England, students **get** a bachelor's degree in 3 years.

- ☐ 7 **To get** a U.S. visa, what else do we need?
- ☐ 8 I have a friend whose goal is **to get** all A's.

이렇게
문장을
만들자

2 '몇 점 받았니?'는 간단하게 What did you get?이라고만 해도 됩니다. 3 구어에서는 '~해야 한다'를 have got to의 축약형 gotta로도 표현할 수 있어요. 4 여기서 '언제까지'는 완료되는 시점을 묻는 것이므로 until이 아닌 by를 씁니다. 5 '~하는 데 시간이 걸리다'라고 할 때 주어는 it, 동사는 take를 씁니다. 8 문장의 실제 동사 have 외에 동사 is를 덧붙여야 하므로 접속사이자 대명사 whose(그 사람의)를 사용합니다.

MP3 04-02

전 보통 8시 전에 출근합니다.

I usually get to work before 8.

07:50
You're early today.
오늘 일찍 왔네요.
전 아침형 펭귄!

1 단계 get을 활용해 다음 문장을 영어로 말해 봅시다

			TIP
Lv.1	1	너 여기 언제 왔어?	과거시제
	2	나 지금 막 여기 도착했어.	과거시제
Lv.2	3	제시간에 거기 도착하려면, 우리는 택시 타야 해.	to 동사
	4	네 생각에 네가 5시까지 거기 도착할 수 있을 것 같니?	can
	5	공항에 어떻게 가면 되나요?	can
	6	내일은 반드시 여기 더 일찍 도착하도록 하세요.	Make sure
Lv.3	7	우리는 여기에 더 일찍 도착할 수 있었는데.	could have p.p.
	8	행사장에 도착하자마자 내게 문자 보내.	명령문

이런 **단어로** 말하자

2 지금 막 just 3 제시간에 on time 4 ~까지 by ('5시까지'는 '늦어도 5시 전'을 의미하므로 전치사 by를 씁니다) 5 공항 airport 6 더 일찍 earlier (early의 비교급 표현) 8 행사장 venue | ~하자마자 as soon as | 문자 보내다 text (동사로도 쓰지만 명사로는 '문자'라는 뜻도 됩니다)

(장소에) 도착하다

도착이 목적이면 **get**

'회사에 몇 시에 와요? / 여기 어떻게 가요?'를 영어로 옮길 때는 come도, go도 아닌 get을 쓰세요. '오다'로 해석하든 '가다'로 해석하든 **어떤 장소에 도착하는 것**을 의미할 때는 get을 씁니다. 앞에서 get의 핵심 의미가 '과정'이라고 했는데, I got here last night.(어젯밤에 여기 도착했어.)라는 과정을 통해 Now I'm in Seoul.(나 지금 서울이야.)라는 결과가 나온다고 연상하면 이해하기 쉬울 겁니다. '~에 도착하다'라고 할 때 get은 항상 전치사 to와 함께 써서 〈get to + 장소〉 형태로 쓴다는 점도 기억해 두세요. 참고로 arrive도 '도착하다'라는 뜻의 동사인데, 공간의 종류에 따라 in, at 등 다른 전치사가 옵니다.

2 단계 **영어 표현**을 확인하고 입으로 연습해 봅시다

- ☐ 1 When did you **get** here?
- ☐ 2 I just **got** here.
- ☐ 3 **To get** there on time, we have to take a taxi.
- ☐ 4 Do you think you **can get** there by 5?
- ☐ 5 How **can I get** to the airport?
- ☐ 6 **Make sure to get** here earlier tomorrow.
- ☐ 7 We **could have gotten** here earlier.
- ☐ 8 Text me **as soon as you get** to the venue.

이렇게 **문장을** 만들자

1 here와 there는 부사이므로 to 없이 get 바로 뒤에 쓰세요. 3 '~해야 한다'는 have to인데, 일상 회화에서는 have got to를 많이 씁니다. 구어에서는 줄여서 gotta라고도 하죠. 6 '반드시 ~하도록 해라'라는 명령은 〈Make sure to + 동사〉. 7 과거 일에 대한 추측, 혹은 할 수 있었지만 못한 일에 대한 아쉬움을 나타낼 때 could have p.p.를 씁니다. 8 도착하는 시점이 미래라 하더라도 접속사 as soon as 뒤에 나오는 동사는 현재형으로 써요.

네. 저분이 먹는 걸로 주시겠어요?

Sure. Can I get what he is having?

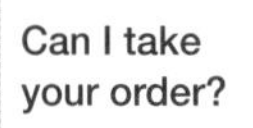

주문하시겠어요?

get을 활용해 다음 문장을 영어로 말해 봅시다

			TIP
Lv.1	1	아이스 커피 한잔 주시겠어요?	Can I
	2	전 오늘의 특별 메뉴로 하겠습니다.	would like to
Lv.2	3	뭐 먹을 거 사다 줄까요?	Can I
	4	샴페인 한 병 가서 사다 줄래?	Can you
	5	전 너무 맵지 않은 걸로 먹으면 좋겠어요.	would like to
	6	제가 당신을 위해 무엇을 사다 주면 됩니까?	want
Lv.3	7	너 저 신상 운동화 어디서 샀어?	과거시제
	8	당신은 이런 것을 어디서든 살 수 있어요.	can

이런 **단어로** 말하자

1 아이스 커피 iced coffee (iced 얼음을 넣은) 2 오늘의 특별 메뉴 today's special 4 샴페인 champagne (발음은 [섐페인]) | 병 bottle 5 매운 spicy 7 신상의 brand-new | 운동화 running shoes (신발은 짝으로 이루어져 있으므로 복수명사 형태인 shoes로 씁니다) 8 이런 것 something like this

~을 사다

음료, 음식을 주문할 때는 **get**

〈get + 명사〉는 주로 음식이나 물건을 **'가지게' 되는 과정**을 나타내므로 주문할 때 쓰기 적합한 표현입니다. 식당이나 카페에서 주문할 때도, 뭔가를 사 달라고 부탁할 때도 get을 쓰죠. '주문하다' 하면 떠올리기 쉬운 단어 order는 주문하는 행위를 의미하는 동사입니다. 정작 주문할 때 실제 쓰는 어휘는 get으로, Can I get ~? 또는 I'd like to get ~.으로 말합니다. 이처럼 get에는 '~을 사다'라는 의미가 있습니다.

2단계 **영어 표현**을 확인하고 입으로 연습해 봅시다

□ 1 **Can I get** one iced coffee?

□ 2 **I'd like to get** today's special, please.

□ 3 **Can I get** you something to eat?

□ 4 **Can you** go (and) **get** a bottle of champagne?

□ 5 **I'd like to get** something not too spicy.

□ 6 What do you want me to **get** for you?

□ 7 Where did you **get** those brand-new running shoes?

□ 8 You **can get** something like this anywhere.

이렇게 **문장을** 만들자

2 주문할 때 Can I get ~?보다 더 예의 바르고 세련된 표현이 I would like to get ~.입니다. I would는 줄여서 I'd라고 말하죠. 3 '사람에게 물건을 사다 주다'는 〈get + 사람 + 물건〉으로 표현하세요. 4 '가서 사다'의 정확한 표현은 go and get이지만 구어에서는 흔히 and를 생략하고 go get이라고 말해요. 5 something을 꾸미는 형용사는 뒤에 옵니다.

get 4 get + 형용사

MP3 04-04

그래 보여. 넌 주로 언제 바빠져?

I can tell. When do you usually get busy?

I'm off today.
I'm so happy.
오늘 쉬는 날이야.
너무 행복해.

1 단계 get을 활용해 다음 문장을 영어로 말해 봅시다

			TIP
Lv.1	1	그 커피 식었어요.	과거시제
	2	당신은 긴장되십니까?	be -ing
Lv.2	3	식기 전에 그거 마셔.	명령문
	4	모든 상황들이 점점 더 좋아지고 있어요.	be -ing
	5	네 회화 실력이 훨씬 더 유창해졌구나.	have p.p.
	6	매년 이맘때, 날씨가 따뜻해져요.	현재시제
Lv.3	7	날이 저물어 갈수록 점점 더 엄청 추워졌다.	As
	8	시간이 늦어지고 있으니, 우리는 서두르는 것이 좋겠어.	should

이런 **단어로** 말하자

1 식다 get cold ('식다'는 차가워지는 과정을 말하므로 get 뒤에 '차가운'을 뜻하는 cold를 넣어 표현합니다) 2 긴장한 nervous 4 상황 situation 5 회화 실력 speaking skills | 훨씬 a lot (비교급을 강조) | 유창한 fluent 6 매년 이맘때 this time of year 7 날이 저물다 the day go on (go on 시간이 흐르다) | ~할수록, ~함에 따라 as | 엄청 추운, 꽁꽁 얼 만큼 추운 freezing 8 서두르다 hurry

(어떠한 상태가) 되다

상태의 변화를 표현하는 **get**

일상 회화에서 날씨, 컨디션, 실력 등의 변화에 대해 말할 일이 많은데요, 어떤 상황과 상태가 변하는 것을 표현할 때 〈get + 형용사/형용사 비교급〉으로 말할 수 있습니다. 앞에서 get의 핵심 개념이 '과정'이라고 했는데요. 커피가 식고, 일이 바빠지고, 영어 발음이 좋아지고, 날씨가 따뜻해지고, 상황이 좋아지는 모든 내용의 핵심은 바로 어떤 과정의 '변화'입니다. 즉, A에서 B라는 상태로 **변화하는 과정**을 get을 써서 표현할 수 있어요.

2 단계 **영어 표현**을 확인하고 입으로 연습해 봅시다

- ☐ 1 The coffee **got cold.**
- ☐ 2 **Are** you **getting nervous?**
- ☐ 3 Drink it before it **gets cold.**
- ☐ 4 All the situations **are getting better and better.**
- ☐ 5 Your speaking skills **have gotten** a lot **more fluent.**
- ☐ 6 It **gets warm** this time of year.
- ☐ 7 As the day went on, it **got more and more freezing.**
- ☐ 8 As it's **getting late**, we should hurry.

이렇게 **문장을** 만들자

3 식는 시점이 미래라고 하더라도 시간을 나타내는 접속사 before 뒤에는 현재시제로 씁니다. 4 better 같은 형용사 비교급을 and로 연결해 두 번 반복해서 쓰면 '점점 더 ~해지다'라는 의미를 강조할 수 있어요. 5 회화 실력이 유창해진 현재 상태를 나타내므로 현재완료시제 have p.p.를 씁니다. 6 시간이나 날씨처럼 특별히 주어를 찾기 어려운 문장에서는 it을 주어로 씁니다. 8 '~이어서, ~때문에'는 접속사 as로 표현하며, 시간에 대해 말할 때는 주어로 it을 씁니다.

MP3 04-05

응. 그 영화가 진행될수록, 이야기가 더 재밌어졌어.

Yes. As the movie went on, the story got more interesting.

Did you enjoy the movie?
영화 재밌게 봤어?
CINEMA

1단계 get을 활용해 다음 문장을 영어로 말해 봅시다

			TIP
Lv.1	1	우리는 점점 지루해지고 있어요.	be -ing
	2	너는 언제 짜증이 나게 되니?	현재시제
Lv.2	3	그가 제안한 것에 난 더 흥미를 갖게 되었어.	과거시제
	4	그들은 파티 여는 것에 신나게 된 것 같습니다.	seem to
	5	이 지도를 보세요. 그러면 도중에 길을 안 잃을 거예요.	won't
	6	현대 사회에서 기술은 점점 더 놀라워지고 있어요.	be -ing
Lv.3	7	일단 네가 즐기기 시작하면, 삶은 더 흥미진진해질 거야.	Once
	8	회의가 진행될수록 문제가 더 복잡해졌어요.	과거시제

이런 **단어로** 말하자

1 (사람이) 지루해 하는 bored 2 짜증이 난 annoyed (annoy 짜증나게 하다) 3 흥미 있어 하는 interested (interest ~의 흥미를 불러 일으키다) 4 파티 하다 have[throw] the party | 신난 excited (excite ~을 신나게 하다, ~을 흥분시키다) 5 지도 map | 도중에 on the way | 길을 잃은 lost 6 현대의 modern | 기술 technology | 놀라운 amazing 7 흥미진진한 exciting 8 복잡한 complicated (complicate 복잡하게 만들다)

상태의 변화를 표현하는 **get**

'(어떠한 상태가) 되다'라는 상태의 변화를 표현하는 또 다른 방법은 get 뒤에 동사가 변한 분사형 형용사를 붙이는 것입니다. 현재분사(-ing)는 **'본래의 성격 혹은 성질'**을 의미하고, 과거분사(-ed, 또는 불규칙 과거분사)는 무언가에 영향을 받아 **'변하게 된 상태'**를 의미해요. 예를 들어, 동사 bore(지루하게 만들다)의 현재분사 boring은 본래 성질이 '지루한', '(뭔가를) 지루하게 하는'을 나타내고, 과거분사 bored는 어떤 영향으로 인해 '지루해 하는'을 의미하지요. 그래서 어떤 사물이 '지루해지는' 상태는 get boring, 사람이 '지루해지는' 상태는 get bored로 나타낼 수 있어요.

2 단계 **영어 표현**을 확인하고 입으로 연습해 봅시다

☐ 1 We **are getting bored.**

☐ 2 When do you **get annoyed**?

☐ 3 I **got more interested** in what he suggested.

☐ 4 They **seems to get excited** about having the party.

☐ 5 Read this map. Then you **won't get lost** on the way.

☐ 6 In modern society, technology **is getting more amazing.**

☐ 7 Once you start to enjoy it, life will **get more exciting.**

☐ 8 As the meeting went on, the problem **got more complicated.**

이렇게 **문장을** 만들자

1 주어의 본래 성질이 지루한 것이 아니라 지루하게 변하는 상황을 나타내므로 get bored. 4 어떤 일에 '대해' 신이 난 것이므로 전치사 about을 쓰세요. 6 amazing 같은 분사형 형용사의 비교급은 앞에 more를 붙입니다. 7 '~하기 시작하면'은 조건에 대한 표현이므로, if처럼 접속사 once 뒤에는 현재시제를 씁니다.

get 6 get + 명사 + p.p.

MP3 04-06

너 이 차 언제 수리받았니?

When did you get the car repaired?

I got it repaired last week.
지난주에 수리받았어.

1단계 get을 활용해 다음 문장을 영어로 말해 봅시다

			TIP
Lv.1	1	(다른 사람에 의해) James는 다리가 부러졌어요.	과거시제
	2	제 머리 좀 다듬어 주시겠어요?	Can I
Lv.2	3	저 눈 검사 받고 싶은데요.	would like to
	4	너 언제 이 노트북 수리했니?	과거시제
	5	저 귀 뚫고 싶은데요.	would like to
	6	당신은 신문을 배달시키십니까?	현재시제
Lv.3	7	이걸 분석되게 하려면, 우리는 그밖에 뭐가 필요한가요?	to 동사
	8	이 기회를 안 놓치려면, 가능한 한 빨리 이것이 되게 해야 해요.	have to

이런 **단어로** 말하자

1 ~을 부러뜨리다 break (과거분사형은 broken) 2 (끝부분을 잘라) 다듬다 trim (과거분사형은 trimmed) 3 ~을 검사하다 check (과거분사형은 checked) 4 ~을 수리하다, 손 보다 fix (과거분사형은 fixed) 5 (뾰족한 물체로) ~을 뚫다 pierce (과거분사형은 pierced) 6 ~을 배달하다 deliver (과거분사형은 delivered) 7 ~을 분석하다 analyze (과거분사형은 analyzed) 8 ~을 놓치다 miss | 가능한 한 빨리 ASAP (= as soon as possible)

어떻게 되는 것을 표현하는 **get**

'이 의자를 배달해 주세요'라고 부탁할 때 Can you deliver this chair?라고 하면 듣는 사람 보고 직접 배달해 달라는 의미가 됩니다. 여기서는 '누가' 배달하는 게 중요한 것이 아니라 무언가(something)가 배달되는 게 핵심이므로 Can I get this chair delivered?라고 해야 맞죠. 이처럼 다른 사람에 의해 **'무언가가 어떻게 되다'** 라는 의미일 때, 〈get + 명사 + p.p.〉를 씁니다. 명사가 사람에 의해 그렇게 되는 것이므로 수동태에 들어가는 과거분사(p.p.)를 쓰죠. 내 잘못이 아닌 타인에 의해 다치게 된 경우에도 이 구조로 표현합니다. 참고로 '이 시계 수리해 주세요', '눈 검사해 주세요' 같은 표현에 '~해 주세요'가 들어가 있어서 Can you ~?부터 떠올리기 쉽지만, 중요한 것은 행위 주체가 아닌 행위를 받는 대상이므로 Can I get ~?으로 표현해야 합니다.

영어 표현을 확인하고 입으로 연습해 봅시다

- ☐ 1 James **got** his leg **broken.**
- ☐ 2 **Can I get** my hair **trimmed**?
- ☐ 3 **I'd like to get** my eyes **checked.**
- ☐ 4 When did you **get** this laptop **fixed**?
- ☐ 5 **I'd like to get** my ears **pierced.**
- ☐ 6 Do you **get** a newspaper **delivered**?
- ☐ 7 **To get** this **analyzed**, what else do we need?
- ☐ 8 Not to miss the chance, we **have to get** this **done** ASAP.

이렇게 **문장을** 만들자

1 영어에서는 '그의' 다리임을 의미하는 his를 꼭 써야 합니다. 참고로 James broke his leg.라고 하면 James 자신의 잘못으로 다리가 부러졌다는 의미가 되므로 주의하세요. 6 종이(paper)는 셀 수 없지만 신문(newspaper)은 셀 수 있는 명사이므로 앞에 a를 붙입니다. 8 '~하려면'은 〈To 동사〉, '~하지 않으려면'은 〈Not to 동사〉로 표현합니다.

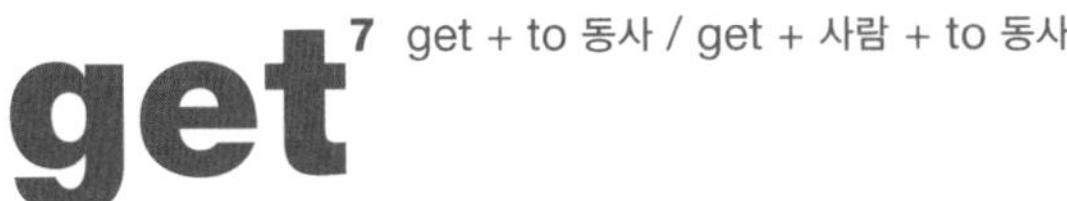

get 7 get + to 동사 / get + 사람 + to 동사

MP3 04-07

나도야. 우리 Tom에게 이 일을 끝내라고 시키자.

So am I. Let's get Tom to finish this job.

It's already 11 p.m. I'm so tired.
벌써 밤 11시야. 너무 피곤해.
더는 못해 먹겠다!

1 단계 get을 활용해 다음 문장을 영어로 말해 봅시다

			TIP
Lv.1	1	넌 언제 그를 알게 되었니?	과거시제
	2	우리는 런던으로 이사하게 되었어요.	현재시제
Lv.2	3	난 다음 주에 출장가게 됐습니다.	현재시제
	4	우리는 언제 그 업무를 시작하게 되나요?	현재시제
	5	왜 제게 그 일을 하라고 시키지 않았습니까?	Why didn't you
	6	나는 아직 그에게 어떤 일도 시킨 적 없어요.	have p.p.
Lv.3	7	그 아이들에게 설거지 시켜도 괜찮아요.	It's okay
	8	우리는 그녀에게 그 일을 시키지 말았어야 했어.	should have p.p.

이런 **단어로** 말하자

2 이사하다 move 3 다음 주 next week | 출장 가다 go on a business trip (출장이나 휴가처럼 정해진 기한이 있는 일정에 대해 '~하러 가다'라고 할 때는 〈go on a + 사건〉) 4 업무 task | ~을 시작하다 start 6 아직 yet 7 설거지하다 do the dishes

~하게 되다 / (사람)에게 ~하게 하다

변화의 과정을
표현하는
get

'~하게 되다'라는 의미를 get을 써서 표현할 수 있습니다. 예를 들어 '알게 되다'는 이미 알고 있는 상태인 '안다' 이전의 과정이니 get과 know를 결합하는데, 알게 되는 과정을 거쳐 안다는 결과가 되니까 get이 먼저이고 뒤의 동사는 미래 상황을 나타내는 장치 'to 동사'와 결합하면 됩니다. 그래서 **〈get to + 동사〉**로 표현하죠. 한편 '누구에게 ~하게 하다'라는 의미를 나타낼 때는 **〈get + 사람 + to 동사〉**로 표현해요. make him do it이 '강압적으로 그 일을 하게 하다'인 반면 get him to do it은 '그 일을 하게 설득하다'라는 의미가 강합니다.

2 단계 **영어 표현**을 확인하고 입으로 연습해 봅시다

- ☐ 1 When did you **get to** know him?
- ☐ 2 We **get to** move to London.
- ☐ 3 I **get to** go on a business trip next week.
- ☐ 4 When do we **get to** start the task?
- ☐ 5 Why **didn't** you **get** me to do the job?
- ☐ 6 **I've never gotten** him to do anything yet.
- ☐ 7 **It's okay to get** the children to do the dishes.
- ☐ 8 We **shouldn't have gotten** her to do the job.

이렇게
문장을
만들자

2 '~으로 이사하다'라고 할 때는 장소 앞에 전치사 to를 씁니다. 여기서 '이사가게 되었다'는 의미상 확정된 미래의 일정이므로 현재시제로 표현합니다. 3 출장처럼 확정된 공적인 일정은 미래 시점이라도 현재시제로 표현합니다. 8 '~하지 말았어야 했다'라고 과거에 한 일에 대해 후회와 아쉬움을 표현할 때는 shouldn't[should not] have p.p.를 쓰세요.

do

저자 강의 05

do – did – done

행위를 하다

영어에서 '하다'를 표현하는 동사는 아주 다양합니다. 앞에서 배운 make, take, have도 모두 '하다'라는 의미로 쓸 수 있죠. 다만 이 경우에는 '예약하다, 식사하다, 수강하다, 요리하다, 산책하다'처럼 앞의 어휘가 핵심을 의미하는 경우가 대부분입니다.
반면 do는 우리가 익히 아는 '어떤 행위를 하다'를 대표적으로 나타낼 수 있는 동사입니다. '뭐 하니? / 무슨 일 하세요? / 그거 해!'처럼 우리가 일반적으로 쓰는 '하다'를 동사 do로 나타낼 수 있죠. 앞에서 배운 네 개의 동사와는 달리, do는 의미를 바로 짐작할 수 있어서 좀 더 쉽게 느껴지기도 합니다.
다만 do를 문장 안에서 적절하게 활용하는 것은 쉽지 않습니다. 일반적으로 do, did, doing, to do가 들어가는 문장은 쉽게 말하는 편이지만 과거분사형 done이 들어가는 문장은 어렵게 느끼는 학습자들이 많지요. 여기서는 일상에서 많이 쓰는 문장을 중심으로 do를 제대로 활용하는 법을 배우고, 직접 소리 내서 말하는 연습을 해 봅시다.

do의 핵심 의미

☐ (직업 · 업무 · 일을) **하다**

혹시 전에 이런 일 해 보신 적 있나요?
Have you ever **done** something like this before?

☐ (부탁을) **들어주다**

부탁 하나 들어주시겠어요?
Can you **do** me a favor?

☐ (집안일을) **하다**

내가 설거지 할 차례야?
Is it my turn to **do** the dishes?

☐ (취미 · 운동을) **하다**

당신은 주로 이 동네에서 쇼핑하세요?
Do you usually **do** your shopping in this neighborhood?

☐ (일반적인 의미의) **하다**

뭔가 신나는 거 하자.
Let's **do** something exciting.

do[1]

MP3 05-01

혹시 전에 이런 일 해 보신 적 있나요?

Have you ever done something like this before?

안 해 본 것 같습니다.

1 단계 **do**를 활용해 다음 문장을 영어로 말해 봅시다

			TIP
Lv.1	1	너는 이 일을 하고 싶니?	want to
	2	당신은 이 일 하는 것을 즐기나요?	현재시제
Lv.2	3	이 일을 하는 것이 제 목표입니다.	to 동사
	4	우리는 거의 3개월 동안 이 일을 하고 있어요.	have been -ing
	5	당신은 지금까지 어떤 종류의 일들을 해 봤나요?	have p.p.
	6	나는 항상 Tom에게 이 일을 하게 시킵니다.	현재시제
Lv.3	7	이 회사에 지원하기 전에 저는 이 일을 해 봤습니다.	had p.p.
	8	이 서류작업은 내가 직접 했었어야 했는데.	should have p.p.

이런 **단어로** 말하자

1 일 job, work, task (task는 job이나 work에 비해 다소 어려운 직무를 뜻합니다) 2 ~을 즐기다 enjoy 3 목표 goal 4 거의 almost 5 지금까지 so far (과거부터 현재까지의 총합을 의미) | 종류 kind 7 회사 company | ~에 지원하다 apply to 8 서류작업 paperwork | 직접 oneself

(직업•업무•일을) **하다**

일하는 걸 말할 때는 **do**

처음 만나 인사를 나눌 때 What do you do?라는 질문을 받을 수 있어요. 이 표현은 주말이나 퇴근 후에 뭐 하는지, 혹은 취미로 뭐 하는지를 물어볼 때도 쓰지만 직업으로 '무슨 일을 하세요?'라는 뜻도 됩니다. 이처럼 **직업, 업무, 일**과 관련된 '하다'를 do로 표현할 수 있어요. 한국어에서는 보통 직업적인 업무에 관해 말할 때 '업무를 보다'라는 표현을 쓰는데, 영어로는 do work처럼 do를 써서 표현하죠.

영어 표현을 확인하고 입으로 연습해 봅시다

- ☐ 1 Do you **want to do** this job?
- ☐ 2 Do you enjoy **doing** this work?

- ☐ 3 **To do** this job is my goal.
- ☐ 4 We **have been doing** this job for almost 3 months.
- ☐ 5 What kinds of jobs **have** you **done** so far?
- ☐ 6 I always make Tom **do** this job.

- ☐ 7 Before applying to this company, I **had done** this job.
- ☐ 8 I **should have done** this paperwork myself.

• • •
이렇게 **문장을** 만들자

2 과거에 즐긴 경험이 있음을 표현하므로 enjoy 뒤에는 -ing 형태를 사용합니다. 4 '3개월 동안'은 for 3 months, '거의 3개월 동안'은 for almost 3 months로, 부사 almost가 숫자 앞에 위치해요. 6 '(강제로) ~에게 …하게 시키다'는 〈make + 사람 + 동사원형〉. 7 회사에 지원한 것이 이미 말하는 시점보다 과거인데, 그 이전에 해 본 경험을 나타내므로 과거완료시제(had p.p.)를 사용합니다.

do[2]

MP3 05-02

네. 부탁 하나 들어주시겠어요?

Yes. Can you do me a favor?

Do you need any help?
도와 드려요?
또 안되네요…

1 단계 **do**를 활용해 다음 문장을 영어로 말해 봅시다

			TIP
Lv.1	1	내가 널 위해 무엇을 하면 되니?	can
	2	내 부탁 들어줘서 고마워요.	동명사(-ing)
Lv.2	3	나는 언제든지 네 부탁 들어줄 수 있어.	can
	4	이것이 내가 널 위해 하면 되는 것이니?	Is this
	5	시간 있으면, 제 부탁 하나 들어주겠어요?	If
	6	그는 항상 내 부탁을 들어줍니다.	현재시제
Lv.3	7	너 혹시 그의 부탁 들어준 적 있니?	have p.p.
	8	내가 너의 부탁을 들어줬을 텐데.	would have p.p.

이런 **단어로** 말하자

1 ~을 위해 for 2 ~의 부탁을 들어주다 do ~ a favor (영국식 스펠링은 favour) 3 언제든지 anytime 4 것 thing 5 시간 있는 free ('무료의', '자유로운'이라는 뜻도 있어요) 6 항상 always

(부탁을) 들어주다

상대를 위해
해 줄 때는
do

요청받은 부탁을 '들어주다'라는 표현도 do로 할 수 있어요. '부탁 하나 들어줄래?'를 영어로 옮길 때 '들어주다'에 해당하는 동사가 뭔지 바로 생각해내기 어려운데, '들어주다'라는 것은 결국 상대방이 부탁한 어떤 일을 '하다'라는 의미이므로 do를 씁니다. '네 부탁을 들어주다'는 do you a favor 또는 do a favor for you 형태로 표현할 수 있죠. 부탁을 의미하는 favor가 들어 가지 않더라도, **상대를 위해 무언가를 해 준다**는 의미의 문장은 대부분 do로 표현합니다. 참고로, '부탁을 요청하다'는 Can I ask you for a favor?(네게 부탁 하나 해도 될까?)처럼 ask를 씁니다.

2 단계 **영어 표현**을 확인하고 입으로 연습해 봅시다

- ☐ 1 What **can I do** for you?
- ☐ 2 Thank you for **doing** me a favor.

- ☐ 3 I **can do** you a favor anytime.
- ☐ 4 Is this the thing I **can do** for you?
- ☐ 5 If you are free, **can you do** me a favor?
- ☐ 6 He always **does** me favors.

- ☐ 7 **Have** you ever **done** a favor for him?
- ☐ 8 I **would have done** you a favor.

• • •
이렇게
문장을
만들자

2 전치사 뒤에 동사가 올 때는 doing처럼 동명사로 씁니다. 4 내가 해 줄 수 있는 '것'을 표현할 때는 thing (that) ~을 씁니다. 6 항상 들어주는 부탁은 하나가 아닌 여러 개이므로 복수형 favors를 씁니다. 8 '~했을 텐데 (하지 않았다)'는 의미는 would have p.p. 형태를 사용합니다.

MP3 05-03

내가 설거지 할 차례야?
Is it my turn to do the dishes?
이걸 다 내가 하라고?
Yes, it is.
맞아.

do를 활용해 다음 문장을 영어로 말해 봅시다

			TIP
Lv.1	1	제가 설거지할게요. (제가 설거지하게 해 주세요.)	Let me
	2	당신은 집안일 하는 것을 즐기나요?	현재시제
Lv.2	3	당신은 얼마나 자주 빨래를 하나요?	How often
	4	제 가사도우미는 모든 집안일을 격일로 합니다.	현재시제
	5	저녁식사 후에 반드시 설거지를 하도록 해.	Make sure to
	6	우리는 가사도우미에게 모든 집안일을 하게 맡깁니다.	현재시제
Lv.3	7	설거지 직접 안 하려고 난 식기세척기 샀어.	과거시제
	8	집안일 할 때, 난 항상 음악을 들어요.	When -ing

이런 **단어로** 말하자

1 설거지하다 do the dishes 2 집안일 household chores, housework (housework가 household chores보다 더 격식 있는 표현) 3 세탁, 빨래 laundry 4 가사도우미 maid | 격일로 every other day (매일 every day) 7 (내가) 직접 myself | 식기세척기 dishwasher 8 음악을 듣다 listen to music

(집안일을) 하다

집안일을
하는 것은
do

일상에서 자주 하는 말인 **집안일**과 관련된 표현은 큰 흐름으로는 모두 do를 쓰는 것이 일반적입니다. '집안일을 하다'를 do the housework, do the household chores라고 하죠. 대표적인 집안일인 '설거지를 하다'와 '빨래를 하다'는 둘 다 '씻다'라는 의미라서 wash를 떠올리기 쉬운데, 실제로는 do를 써서 **do** the dishes(설거지하다), **do** the laundry(빨래하다)라고 하죠. 이때 일의 종류를 구분하기 위한 장치로, 명사 앞에 the를 쓴다는 점도 함께 기억해 두세요.

2 단계 **영어 표현**을 확인하고 입으로 연습해 봅시다

- ☐ 1 **Let me do** the dishes.
- ☐ 2 Do you **enjoy doing** household chores?
- ☐ 3 How often do you **do** the laundry?
- ☐ 4 My maid **does** all the housework every other day.
- ☐ 5 **Make sure to do** the dishes after dinner.
- ☐ 6 We **have** our[the] maid **do** all the housework.
- ☐ 7 **Not to do** the dishes myself, I bought a dishwasher.
- ☐ 8 When **doing** the household chores, I always listen to music.

이렇게 **문장을** 만들자

1 '제가 ~할게요', '제가 ~하게 해 주세요'는 〈Let me + 동사〉. 5 '반드시 ~하도록 해라'라고 지시할 때는 〈Make sure to + 동사〉 혹은 〈Make sure you + 동사〉. 6 보상을 지불하고 일을 맡기는 경우, '(사람)에게 ~하게 시키다[맡기다]'는 〈have + 사람 + 동사원형〉을 씁니다. have 대신 make를 쓰면 강제로 시킨다는 의미가 강합니다. 8 늘 하는 반복적인 행동은 현재시제로 씁니다.

do[4]

MP3 05-04

당신은 주로 이 동네에서 쇼핑하세요?

Do you usually do your shopping in this neighborhood?

쇼핑 엄청
많이 했네요.
Yes, I do the shopping at the mall next to the station.

네, 역 옆에 있는 쇼핑몰에서 쇼핑해요.

1 단계 do를 활용해 다음 문장을 영어로 말해 봅시다

			TIP
Lv.1	1	이번 주 금요일에 쇼핑 좀 하자.	Let's
	2	어떤 종류의 운동을 하시나요?	현재시제
Lv.2	3	너는 에어로빅 할 때 뭐 입니?	현재시제
	4	요가 하는 것은 날 편안하게 느끼게 만들어요.	동명사(-ing)
	5	전에 혹시 필라테스 해 본 적 있나요?	have p.p.
	6	난 스트레스 받을 때, 운동하는 것이 항상 도움돼요.	When
Lv.3	7	여기 근처에 쇼핑하기 좋은 곳이 있나요?	Is there
	8	여기가 서울에서 쇼핑하기 가장 좋은 곳입니다.	to 동사

이런 **단어로** 말하자

2 어떤 종류의 what kinds of | 운동 exercise 3 에어로빅 aerobics | ~을 입다 wear 4 요가 yoga | 편안한 relaxed (relax ~의 마음을 편하게 해 주다) 5 필라테스 Pilates 6 스트레스 받다 get stressed out 7 여기 근처에 around here 8 가장 좋은 곳 the best place

(취미・운동을) 하다

취미로 무엇을 하는지 물어볼 때 보통 What do you do for fun?이라는 표현을 씁니다. 마찬가지로 **쇼핑이나 운동 같은 취미** 관련 표현에 등장하는 '하다'는 do로 표현하지요. 예를 들어, '쇼핑하다'는 do shopping이라고 하고, 요가(yoga), 필라테스(Pilates), 에어로빅(aerobics)을 비롯해 운동(exercise)을 '하다'도 모두 do로 표현할 수 있어요. 이때 축구, 야구, 골프처럼 시합이 가능한 운동을 하는 것은 동사 play를 쓰지만, 요가처럼 **혼자 하는 운동**을 하는 건 do를 쓰지요.

2단계 **영어 표현**을 확인하고 입으로 연습해 봅시다

- ☐ 1 **Let's do** some shopping this Friday.
- ☐ 2 What kinds of exercises do you **do**?

- ☐ 3 What do you wear when **doing** aerobics?
- ☐ 4 **Doing** yoga makes me feel relaxed.
- ☐ 5 **Have** you ever **done** Pilates before?
- ☐ 6 When I get stressed out, **doing** exercise always helps.

- ☐ 7 Is there a good place **to do** shopping around here?
- ☐ 8 This is the best place **to do** shopping in Seoul.

이렇게 **문장을** 만들자

3 접속사(when)를 중심으로 주어가 you로 같으므로 접속사 뒤의 주어를 생략하고 동사를 -ing 형태로 쓸 수 있어요. 4 동사에는 수 개념이 없으므로 동명사(-ing)가 하나의 행위를 의미할 때는 단수로 취급합니다. 따라서 동사 형태는 makes가 되죠. 7 여기서 '쇼핑하기'는 앞으로 할 일을 의미하므로 to do shopping으로 표현합니다.

do[5]

MP3 05-05

금요일이야. 뭔가 신나는 거 하자.

It's Friday. Let's do something exciting.

OCT 21
FRI
불금!
Sounds perfect! What should we do?
좋지!
뭐 하는 게 좋을까?

1 단계 do를 활용해 다음 문장을 영어로 말해 봅시다

			TIP
Lv.1	1	이거 같이 하자.	Let's
	2	일 끝나고 주로 뭐 하세요?	현재시제
Lv.2	3	오늘 밤에 뭔가 특별한 것을 하세요?	be -ing
	4	너 머리에 무슨 짓을 한 거야?	have p.p.
	5	전 의자에 앉아 아무것도 하지 않고 있었어요.	was -ing
	6	네 자신을 탓하지 마. 넌 어떤 잘못도 하지 않았어.	Don't
Lv.3	7	우리가 이것을 다른 식으로 했었으면 좋았을까요?	should have p.p.
	8	Tom은 20년 넘게 같은 일을 해 오고 있습니다.	have been -ing

이런 **단어로** 말하자

1 같이 together 2 일 끝나고 after work (after ~후에, ~뒤에) 3 오늘 밤 tonight 5 의자에 on the chair (의자 '위'에 앉으니까 전치사 on) 6 ~을 탓하다 blame | 잘못된 wrong 7 다른 식으로 in a different way (way 방법, 방식) 8 같은 일 the same thing

일반적인 행동을 표현하는 **do**

일반적인 행동을 뜻하는 '하다'는 모두 do로 표현할 수 있습니다. 예를 들어, '오늘 밤에 뭐 **하니**? / 이것을 **해도** 되나요? / 나는 늘 같은 일을 **해요**. / 나는 항상 그렇게 **합니다**. / 우리 이것을 같이 **할까요**? / 쉴 때 뭐 **해요**?' 같은 일반적인 의미의 '하다'를 모두 do로 나타낼 수 있죠. 계획에 대해 말하거나, 해도 되는지 허락을 구할 때, 무엇인가를 하자고 제안할 때 등 '하다'가 들어가는 문장이라면 무조건 do를 떠올리세요.

2단계 **영어 표현**을 확인하고 입으로 연습해 봅시다

- ☐ 1 **Let's do** this together.
- ☐ 2 What do you usually **do** after work?
- ☐ 3 **Are** you **doing** anything special tonight?
- ☐ 4 What **have** you **done** to your hair?
- ☐ 5 I was sitting on the chair and **doing nothing**.
- ☐ 6 Don't blame yourself. You **didn't do** anything wrong.
- ☐ 7 **Should** we **have done** this in a different way?
- ☐ 8 Tom **has been doing** the same thing for over 20 years.

이렇게 **문장을** 만들자

3 오늘 밤(tonight)이라는 가까운 미래의 계획은 현재진행 시제로 물어볼 수 있어요. 4 머리에 일어난 일처럼 어떤 사건의 결과를 의미할 때는 현재완료시제로 씁니다. 6 blame은 탓하는 대상이 필요한 타동사이므로 뒤에 목적어 yourself(네 자신)를 붙여야 합니다. 7 의문문에서 조동사는 주어 앞에 오므로 Should we ~? 형태가 됩니다. 8 오랜 기간 동안 계속 해 오고 있음을 표현할 때는 have been -ing를 쓰세요.

마무리 퀴즈 맞는 동사를 잡아라!

다음 빈칸에 들어갈 알맞은 동사를 골라 보세요.

01 내가 이 노트북 컴퓨터 가져가도 될까요?

Can I _________ this laptop with me?

☐ take ☐ make ☐ do

02 예약되셨습니다.

Your reservation has been _________.

☐ made ☐ taken ☐ gotten

03 네게 말했듯이, 나는 내일 면접이 있어.

As I told you, I _________ a job interview tomorrow.

☐ take ☐ make ☐ have

04 내가 널 위해 무엇을 하면 되니?

What can I _________ for you?

☐ take ☐ make ☐ do

05 너 저 신상 운동화 어디서 샀어?

Where did you _________ those brand-new running shoes?

☐ take ☐ make ☐ get

06 당신은 계획을 세울 때 무엇을 고려합니까?

What do you consider when you _________ a plan?

☐ take ☐ make ☐ have

07 이 제품의 사진을 찍는 건 허용되지 않습니다.

_________ a picture of this product isn't allowed.

☐ Taking ☐ Making ☐ Doing

08 당신은 얼마나 자주 빨래를 하나요?

How often do you _________ the laundry?

☐ make ☐ do ☐ get

09 나 이번 주는 점심 안 먹어요.

I'm not _________ lunch this week.

☐ having ☐ getting ☐ doing

10 식기 전에 그거 마셔.

Drink it before it _________ cold.

☐ makes ☐ gets ☐ takes

11 우리는 드디어 결정을 내렸어요.

We have finally _________ a decision.

☐ got ☐ did ☐ made

12 너는 이번 학기에 몇 개의 수업을 듣고 있니?

How many classes are you _________ this semester?

☐ taking ☐ making ☐ doing

14 공항에 어떻게 가면 되나요?

How can I _________ to the airport?

☐ make ☐ get ☐ have

15 내 부탁 들어줘서 고마워요.

Thank you for _________ me a favor.

☐ taking ☐ making ☐ doing

Answers

01 take	02 made	03 have	04 do	05 get	06 make	07 Taking
08 do	09 having	10 gets	11 made	12 taking	13 get	14 doing

GROUP B

일상 회화는 우리가 책임진다!

일상에서 많이 쓰는 우선순위 동사 14

think
know
find
seem
leave
stay
keep
work
use
run
come
go
help
try

think

저자 강의 06

think – thought – thought

생각하다

내 의견임을 강조할 때, 확신하기 애매할 때, 공손하게 부탁할 때 등 다양한 상황에서 쓸 수 있는 think는 '생각하다'가 핵심 의미이지만, 그것에만 의미를 규정짓기에는 쓰임이 매우 넓은 동사입니다.
동사를 포함해 모든 품사를 통틀어서 think만큼 일상 회화에서 자주 사용하는 어휘가 있을까요? 영어의 매력 중 하나인 명확함과 신중함이 think를 자주 사용하는 것과 연관이 있지 않나 하는 생각도 해 봅니다.
외국어를 효율적으로 익히는 가장 좋은 방법은 사용 빈도가 높아 이미 친숙한 어휘의 다양한 의미를 먼저 섭렵하는 것이죠. think가 실제 회화에서 어떤 뜻으로 어떻게 활용되는지 꼼꼼하게 익혀 봅시다.

think의 핵심 의미

- □ (~라고) **생각하다 · ~일 것 같다**
  내 생각에는 영어가 아주 중요하진 않아.
  I don't **think** English is very important.

- □ **~에 대해 생각하다** (think about) **/**
  ~을 떠올리다 (think of)
  네가 한 말에 대해 생각하고 있었어.
  I was **thinking about** what you said.

think[1]

MP3 06-01

내 생각에는 영어가 아주 중요하진 않아.

I don't think English is very important.

왜 그렇게 생각해?

1 단계 think를 활용해 다음 문장을 영어로 말해 봅시다

			TIP
Lv.1	1	잘[신중하게] 생각해.	명령문
	2	너 정말 그렇게 생각하니?	현재시제
Lv.2	3	나는 네 생각하는 방식이 마음에 들어.	현재시제
	4	나는 네가 해낼 수 있을 거라고 생각 안 했어.	과거시제
	5	그녀는 이것이 답이라고 생각할지도 몰라요.	might
	6	당신은 오늘까지 그것을 할 수 있을 것 같습니까?	can
Lv.3	7	우리는 할 수 있는 한 신중하게 생각하는 게 좋겠어요.	should
	8	네가 여기 있을 수도 있다고 생각했어.	과거시제

이런 **단어로** 말하자

1 신중하게 carefully ('잘'이란 말 때문에 well을 떠올리기 쉽지만 well은 '좋게, 제대로'를 뜻하는 '잘'이므로 여기에는 맞지 않습니다) 2 그렇게 so 3 방식 way | ~이 마음에 들다 like 4 (어려운 일을) 해내다 make it 5 ~할지도 모른다 might 6 오늘까지 by today (by는 기한과 마감 시기를 나타내는 전치사입니다) 7 ~하는 것이 좋다 should (권유를 나타내는 조동사)

(~라고) 생각하다 · ~일 것 같다

의견을
표현하는
think

think는 의견을 표현할 때 쓰는 동사로, **'생각하다'**라는 행위를 나타냅니다. 일상 회화에서 개인적인 의견임을 강조하거나 공손하게 의견을 물을 때 많이 사용하죠. '~라고 생각하다'라고 할 때는 〈think (that) + 주어 + 동사〉 형태로 씁니다. think에서 중요한 핵심 사항은 두 가지인데, 첫째는 주관적인 의견에는 부정문을 함부로 쓰지 않는 영어의 특성상, 부정적인 내용을 전할 때 부정어(not)는 동사 think 앞에 둔다는 것입니다. 예를 들어 '이거 안 좋은 거 같아요'는 I think this isn't good.이 아니라 I don't think this is good.이라고 표현하죠. 둘째는 보다 정중하게 요구하거나 부탁할 때는 Can you ~? 대신 Do you think you can ~?을 사용할 수 있다는 것입니다. think를 사용해 문장을 만들 때는 이 두 가지 사항을 머릿속에 꼭 새겨 두세요.

영어 표현을 확인하고 입으로 연습해 봅시다

- ☐ 1 **Think** carefully.
- ☐ 2 Do you really **think** so?
- ☐ 3 I like the way (that) you **think**.
- ☐ 4 I **didn't think** you could make it.
- ☐ 5 She **might think** that this is the answer.
- ☐ 6 Do you **think** you can do it by today?
- ☐ 7 We **should think** as carefully as we can.
- ☐ 8 I **thought** that you could be here.

이렇게
문장을
만들자

3 the way를 수식하는 that은 생략 가능합니다. 5 she는 3인칭 단수 주어지만, might가 조동사이므로 동사 형태는 thinks가 아니라 think. 7 as ~ as 사이에는 동사 think를 꾸며 주는 부사 carefully를 쓰세요. 8 생각했던(thought) 시점이 과거이므로 뒤의 동사도 과거형 could를 씁니다.

think 2 think about / think of

MP3 06-02

네가 한 말에 대해 생각하고 있었어.

I was thinking about what you said.

흥! 나 삐졌어!

Hey, why so serious?

야, 왜 그렇게 심각해?

think를 활용해 다음 문장을 영어로 말해 봅시다

			TIP
Lv.1	1	나는 매일 너를 떠올려.	현재시제
	2	뭔가 창의적인 것을 생각해낼 수 있나요?	Can you
Lv.2	3	유럽에서 일을 구할까 생각 중이에요.	be -ing
	4	우리 그 (사업) 제안에 대해 다시 생각해보는 것이 어때요?	Why don't we
	5	저는 직업을 바꾸는 것을 떠올려 본 적이 전혀 없어요.	have p.p.
	6	내가 추천했던 그 책을 어떻게 생각해?	현재시제
Lv.3	7	내가 받은 충고에 대해 계속 생각해 봤어요.	have been -ing
	8	우리는 그것에 대해 계속해서 생각해야 합니다.	had better

이런 **단어로** 말하자

1 매일 every day 2 창의적인 creative 3 일을 구하다, 취직하다 get a job 4 (사업적인) 제안 proposition (suggestion은 상대에게 무엇을 해 보라는 의미의 '제안') 5 ~을 바꾸다 change 6 ~을 추천하다 recommend 7 충고 advice ('충고하다'는 give the advice) 8 계속해서 over and over

~에 대해 생각하다 / ~을 떠올리다

전치사와 함께 쓰는 **think**

어떤 대상에 대해 생각한다고 할 때는 〈think of/about + 대상〉으로 말해야 합니다. think 뒤에 전치사 of와 about 아무거나 써도 무방한 경우도 있지만 명확하게 구분해서 써야 하는 경우도 있어요. think about은 '~에 대해 생각하다[고려하다]'라는 뜻으로, I'm thinking **about** what you suggested.(네가 제안한 것에 대해 생각하는 중이야.)처럼 어떤 일에 대해 곰곰이 생각하고 고려한다는 의미로 씁니다. 반면 think of는 '~을 떠올리다'란 뜻으로, Can you think **of** something new?(뭔가 새로운 것 좀 떠올려 볼래?)처럼 어떤 대상 자체를 머릿속에 떠올린다는 의미로 쓰죠.

영어 표현을 확인하고 입으로 연습해 봅시다

- □ 1 **I think of** you every day.
- □ 2 **Can you think of** something creative?
- □ 3 **I am thinking of** getting a job in Europe.
- □ 4 **Why don't** we **think about** the proposition again?
- □ 5 **I've never thought of** changing jobs.
- □ 6 What do you **think of** the book I recommended?
- □ 7 **I've been thinking about** the advice I was given.
- □ 8 We'**d better think about** it over and over.

이렇게 **문장을** 만들자

6 '어떻게 생각해?'를 영어로 옮길 때 how를 떠올리기 쉽지만, how는 무언가에 대한 '상태'를 묻는 의문사입니다. 어떻게 생각하는지 즉, '어떤' 의견을 가지고 있는지는 what으로 묻습니다. 7 '내가 한 충고'가 아니라 '내가 받은 충고'니까 수동태를 써서 the advice I was given. 8 '~해야 한다'라고 할 때, 그렇게 하지 않으면 문제가 생길 수 있음을 의미할 때는 should보다 had better를 씁니다.

know

저자 강의 07

know – knew – known

알고 있다

네이티브들은 대화를 시작할 때 You know what?이라는 표현을 곧잘 써요. 직역해서 '너 뭔지 아니?'란 의미로 오해할 수 있지만, 정확하게는 '음, 있잖아' 정도의 의미로 상대의 주의를 끌기 위한 표현입니다.
know는 이처럼 일상생활에서 흔히 쓰는 동사예요. 기본적으로는 어떤 사실, 정보 등을 '알다, 알고 있다'라는 뜻이지만, 단순히 무엇인지 안다는 의미를 나타낼 뿐만 아니라 Who knows?(누가 알겠어?) / I knew it!(내 그럴 줄 알았어!) 같은 생활 표현에서도 많이 씁니다. 그래서 기본 의미를 바탕으로 실생활에서 어떻게 활용되는지 익히는 것이 중요하죠.
여기서는 know의 기본적인 쓰임과 함께, 전치사를 활용한 know of와 know about의 의미 차이까지 확실하게 익혀 봅시다.

know의 핵심 의미

- ☐ (~을) **알다 · 알고 있다**

  난 당신이 누구인지 알아요.
  I **know** who you are.

- ☐ (들어서) **~을 알다** (know of) **/ ~에 대해 알다** (know about)

  당신은 영어의 역사에 대해 얼마나 알고 있어요?
  How much do you **know about** the history of English?

know[1]

어, 난 당신이 누구인지 알아요.

Well, I know who you are.

Nice to meet you. Let me introduce myself.

반가워요.
제 소개할게요.

1 단계 know를 활용해 다음 문장을 영어로 말해 봅시다

			TIP
Lv.1	1	누가 알겠어?	Who
	2	난 그럴 줄 알았어.	과거시제
Lv.2	3	(당신은) 절 아세요?	현재시제
	4	Tony가 어디 있는지 누군가 아는 사람 있나요?	현재시제
	5	이것이 얼마나 중요한지 너는 알아야 해.	should
	6	뭔가 새로운 걸 알게 되는 것은 나를 신나게 합니다.	동명사(-ing)
Lv.3	7	곧 무슨 일이 일어날지 너는 절대 모를 거야.	will never
	8	우리는 고등학교 때부터 서로 알고 지냈어요.	have p.p.

이런 **단어로** 말하자

4 (의문문에서) 누군가 anybody, anyone (긍정문에서는 somebody, someone) 5 중요한 important 6 뭔가 새로운 것 something new | 알게 되다 get to know ('~하게 되다'는 <get to + 동사>) | 신나는 excited 7 일어나다, 발생하다 happen | 절대 ~않다 never (will not보다 will never가 더 강한 어조를 전달할 수 있습니다) 8 고등학교 high school | ~부터 since

(~을) 알다·알고 있다

이미
아는 것은
know

know는 '(이미) 알다, 알고 있다'라는 의미인데요, 의미 자체는 단순하지만 사용 빈도가 높은 동사이므로 다양한 시제로 활용하는 법을 익혀 두세요. know는 말하는 시점 이전부터 **이미 알고 있다**는 것을 의미하기 때문에 진행형(be -ing)으로는 사용하지 않습니다. -ing 형태는 어떤 행위나 상황이 과거부터 시작됐음을 의미하는데, know에는 이미 과거부터 알고 있었다는 의미가 포함되어 있거든요. 물론 I'm knowing 같은 진행형으로는 쓸 수 없지만 동명사로는 바뀔 수 있으므로 knowing이 주어가 되는 문장은 얼마든지 가능합니다.

영어 표현을 확인하고 입으로 연습해 봅시다

□ 1 Who **knows**?

□ 2 I **knew** it.

□ 3 Do I **know** you?

□ 4 Does anybody **know** where Tony is?

□ 5 You **should know** how important this is.

□ 6 **Getting to know** something new makes me excited.

□ 7 You **will never know** what will happen soon.

□ 8 We **have known** each other since we were in high school.

이렇게 **문장을** 만들자

1 '실은 아무도 모른다'라는 뜻으로 Who knows?라고 말해요. 2 '이미 그런 줄 알고 있었다, 놀랍지도 않다'는 뉘앙스를 나타낼 때 과거형 knew를 써서 표현합니다. 3 초면인지 확인할 때, Do you know me?보다는 Do I know you?가 더 영어다운 표현입니다. 좀 더 격식 있게 Have we met before?(전에 만난 적 있나요?)라고 물어볼 수도 있죠. 8 '과거부터 지금까지' 서로 알고 지내고 있다는 의미이므로 현재완료시제(have p.p.)를 쓰세요.

MP3 07-02

당신의 영어의 역사에 대해 얼마나 알고 있어요?

How much do you know about the history of English?

Not that much.

그렇게 많지는 않아요.

1 단계 know를 활용해 다음 문장을 영어로 말해 봅시다

			TIP
Lv.1	1	그 배우를 아세요?	현재시제
	2	이 상황에 대해 당신은 무엇을 알고 있나요?	현재시제
Lv.2	3	나는 James King이라는 소설가에 대해 좀 알아요.	현재시제
	4	그는 중국의 역사에 대해 많이 알아요.	현재시제
	5	우리는 그 사건을 알고는 있지만 더 이상의 정보는 없어.	현재시제
	6	비록 그녀는 음악에 대해 많이 알지 못하지만 좋아해요.	Though
Lv.3	7	우리는 그 새 프로그램에 대해 벌써 알고 있어.	현재시제
	8	그들이 프로젝트에 대해 알고 있는 것 같아요?	seem to

이런 **단어로** 말하자

1 배우 actor 2 상황 situation 3 소설가 novelist (novel 소설) 4 중국의 역사 the history of China 5 (특이하거나 좋지 않은) 사건 incident | 더 이상의, 추가의 further | 정보 information 6 비록 ~이지만 though 7 벌써 already

(들어서) ~을 알다 / ~에 대해 알다

얼마나 아는지 나타내는 **of**와 **about**

'난 제니를 알아'라고 할 때 I know Jenny.라고 하면 제니와 서로 아는 사이라는 의미입니다. 반면, 전치사 of를 써서 I know **of** Jenny.라고 하면 개인적으로 알지는 못하지만 제니에 대해 들어는 봐서 누구인지 안다는 의미가 되죠. 이처럼 know of에는 어느 정도 알고는 있지만 자세히는 모른다, 간접적으로 들어서 안다는 의미가 들어 있어요. 한편 **know about**은 어떤 것에 대해 다양한 정보나 지식이 있어 꽤 많이 알고 있다는 의미입니다. 문장에서 about과 of 둘 다 써도 무방한 경우가 있지만 여기서는 구분 지어서 알아두면 좋은 예문 위주로 실었습니다. 연습하면서 자세한 의미를 확인해 보세요.

영어 표현을 확인하고 입으로 연습해 봅시다

□ 1 Do you **know of** the actor?

□ 2 What do you **know about** this situation?

□ 3 I **know of** the novelist James King.

□ 4 He **knows** a lot **about** the history of China.

□ 5 We **know of** the incident but have no further information.

□ 6 Though she **doesn't know** much **about** music, she likes it.

□ 7 We already **know about** the new program.

□ 8 Did they **seem to know about** the project?

이렇게 **문장을** 만들자

5 접속사 but을 기준으로 주어가 we로 동일하므로, but 뒤에는 바로 동사 have가 올 수 있습니다. 6 접속사 though 뒤에는 〈주어 + 동사〉 형태가 옵니다. 7 부사 already는 동사 know 앞에 위치해야 합니다. 8 '~해 보이다, ~인 것 같다'는 〈seem to + 동사〉로 표현하세요.

find

저자 강의 08

find – found – found

결과로서 찾다

'찾다' 하면 가장 먼저 떠오르는 표현은 find와 look for일 텐데, 이 두 표현의 차이는 뭘까요? 한국어로는 둘 다 '~을 찾다'라고 해석할 수 있다 보니 같은 뜻이라고 오해하기 쉽습니다. 하지만 look for는 찾고 있는 과정을 나타내는 반면, find는 찾아낸 결과를 의미합니다. find는 진행을 표현할 수 없는 동사라서 '찾고 있는 중이다'라는 의미로 쓸 수 없다는 점도 다르죠.
이번 장에서는 지금까지 영어를 공부하면서 수없이 써 본 find의 '찾다'라는 핵심 의미에 더해, 초급 레벨에서는 알기 힘든 '(경험을 통해) 알다'라는 의미까지 담았습니다. 네이티브가 회화에서 자주 사용하는 find의 의미를 자세히 익혀 볼까요?

find의 핵심 의미

□ **~을 찾아내다 · ~을 알아내다**

그게 뭔지 드디어 알아냈어요!
I've finally **found** out what that is!

□ (경험으로) **알다 · 느끼다 · 여기다**

오른쪽에서 운전하는 게 좀 어렵다는 걸 알겠어요.
I **find** it hard to drive on the right.

find[1]

MP3 08-01

그게 뭔지 드디어 알아냈어요!

I've finally found out what that is!

유레카!
How did you find out?
어떻게 알아냈어요?

 **find**를 활용해 다음 문장을 영어로 말해 봅시다

			TIP
Lv.1	1	우리가 드디어 이 카페를 찾았군요.	과거시제
	2	너 이 지갑 어디서 찾았니?	과거시제
Lv.2	3	네가 이것을 어디서 어떻게 찾았는지 내게 말해 봐.	Tell me
	4	우리는 누가 그것을 했는지 반드시 알아낼 겁니다.	will
	5	너는 무슨 일이 벌어지고 있었는지 알아냈니?	과거시제
	6	당신이 찾고 있는 그곳을 꼭 찾을 거라고 난 확신해요.	I'm sure
Lv.3	7	내가 비밀번호 알아내는 것은 쉬웠어요.	to 동사
	8	이게 뭔지 알아내려면, 내가 누구에게 물어보는 게 좋을까요?	to 동사

이런 **단어로** 말하자

1 드디어 finally 2 지갑 wallet 3 ~에게 말하다 tell 4 반드시 definitely | 알아내다 find out 5 (어떤 일이) 벌어지다, 일어나다 go on 6 ~을 찾다 look for (find와는 달리 찾는 과정을 나타내는 표현) 7 비밀번호 password

~을 찾아내다 · ~을 알아내다

찾은 결과를
나타내는
find

find와 look for 둘 다 '~을 찾다'라고 해석되다 보니 '찾고 있다'를 is/am/are finding으로 틀리게 표현하는 경우를 종종 봅니다. look for는 찾는 과정을 표현하는 반면, find는 **찾아낸 결과**를 의미하는 동사예요. 과정은 당연히 진행형(be -ing)이 될 수 있지만, 결과는 이미 그렇게 되었으므로 find는 진행형으로 쓸 수 없죠. find는 사물, 사람, 공간 등을 '찾다, 찾아내다'란 뜻인데, 뒤에 out을 붙인 find out은 어떠한 사실, 비밀, 정보, 등을 '알아내다'라는 의미가 됩니다. 두 의미를 비교해서 함께 알아두세요.

2 단계 **영어 표현**을 확인하고 입으로 연습해 봅시다

- ☐ 1 We finally **found** this café.
- ☐ 2 Where did you **find** this wallet?
- ☐ 3 Tell me where and how you **found** this.
- ☐ 4 We **will** definitely **find out** who did it.
- ☐ 5 Did you **find out** what was going on?
- ☐ 6 I'm sure you **will find** the place you're looking for.
- ☐ 7 It was easy for me **to find out** the password.
- ☐ 8 **To find out** what this is, who should I ask?

이렇게 **문장을** 만들자

3 where and how(어디서 어떻게)가 접속사이므로 뒤에는 〈주어 + 동사〉 어순으로 씁니다. 4 who가 접속사이자 주어이므로 동사 did가 주어 바로 뒤에 위치합니다. 5 '무슨 일이 벌어지고 있었다'는 과거진행시제 was going on. 6 ~할 거라고 예측을 나타낼 때는 will을 쓰세요. 7 It을 가주어로 내세운 문장입니다. 비밀번호를 알아낸 주체는 '나'이므로 진짜 주어 to find out ~ 앞에 '내가'를 뜻하는 for me를 쓰세요.

find²

MP3 08-02

오른쪽에서 운전하는 게 좀 어렵다는 걸 알겠어요.

I find it hard to drive on the right.

But you will get used to it soon.

하지만 곧 적응될 거예요.

find를 활용해 다음 문장을 영어로 말해 봅시다

TIP

Lv.1

1 (겪어 봐서) 그가 매우 친절하다는 거 알아. 현재시제

2 (경험해 보니) 이 아이템은 정말 유용하다는 거 알겠어요. 과거시제

Lv.2

3 당신은 그 장치 다루는 것이 쉽다고 여깁니까? 현재시제

4 난 규칙대로 일하는 것이 더 효율적이라는 걸 알겠어요. 과거시제

5 우리는 그 단어들을 정확하게 발음하는 걸 어렵다고 여겨요. 현재시제

6 전 가능한 한 많은 아이디어들을 공유하는 게 필요하다고 느껴요. 현재시제

Lv.3

7 난 우리가 그의 충고를 진지하게 받아들이는 게 중요하다고 여겨. that절

8 당신은 우리가 그렇게 자주 회의한 게 불필요하다고 느꼈나요? that절

이런 **단어로** 말하자

1 친절한 kind 2 아이템, 물건 item | 유용한 useful 3 장치 device | ~을 다루다 handle 4 규칙대로 by the rules (rule 규칙) | 효율적인 efficient 5 정확하게 accurately | ~을 발음하다 pronounce 6 ~을 공유하다 share | 필요한 necessary 7 충고 advice | 진지하게 seriously | 중요한 important 8 회의하다 have meetings | 불필요한 unnecessary

(경험으로) 알다 · 느끼다 · 여기다

겪어 보니
알게 된 것은
find

어떤 **경험**을 통해 사람이나 사물의 성격과 성질이 어떠하다는 것을 알게 되었다는 것을 표현할 때 한국어로는 '알아요, 느껴요, 여겨요' 같은 다양한 말을 써서 표현하는데, 영어에서는 이때 find를 사용해 〈find + 명사(대상) + 형용사〉로 표현합니다. '(명사)가 어떠하다고 알다/느끼다/여기다'라는 의미지요. 이때 to 동사와 that절이 목적어로 올 때는 가짜 목적어 it을 써서 〈find it + 형용사 + to 동사/that절〉 형태로 씁니다.

2단계 영어 표현을 확인하고 입으로 연습해 봅시다

□ 1 I **find** him very kind.

□ 2 I **found** this item really useful.

□ 3 Do you **find** it easy to handle the device?

□ 4 I **found** it more efficient to work by the rules.

□ 5 We **find** it hard to pronounce the words accurately.

□ 6 I **find** it necessary to share as many ideas as possible.

□ 7 I **find** it important that we take his advice seriously.

□ 8 Did you **find** it unnecessary that we had meetings that often?

이렇게 **문장을** 만들자

1 우리가 흔히 아는 5형식 문장으로, him이 목적어이고 kind가 목적보어에 해당합니다. 3 여기서 it은 to handle the device가 너무 길어서 대신 쓴 가짜 목적어입니다. 6 '~만큼 많은 명사'라고 할 때 셀 수 있는 명사가 올 때는 〈as many + 복수 명사 + as〉. 7 find 뒤의 it은 목적어인 that절을 대신하는 대명사입니다. 8 '그렇게나, 그렇게'로 해석되는 that은 that often처럼 형용사나 부사 앞에 위치합니다.

seem

저자 강의 09

seem – seemed – seemed

짐작하다

seem과 look은 '어떠해 보이다'라는 뜻을 가진 동사인데, 자세한 의미를 들여다보면 서로 쓰임이 다릅니다.
예를 들어 look은 You are looking beautiful tonight.(너 오늘 밤 정말 아름다워 보여.)처럼 눈에 보이는 외양을 묘사할 때 쓰는 반면, seem은 눈에 보이는 어떤 상황은 물론, 겉으로 드러나지 않거나 눈에 보이지 않는 것에 대한 '짐작'까지 표현할 수 있습니다. 예를 들어, It seems like you're going to take over the position.은 '(상황을 보니) 네가 그 자리를 맡게 될 것처럼 보여'란 뜻으로, 외양이 아닌 상황을 묘사하고 있죠.
seem 자체가 짐작, 즉 불확실함을 나타내는 동사다 보니, 다른 동사와 결합할 때는 미래적이며 불확실함을 나타내는 to 동사 형태와 결합할 때가 많습니다. 물론 형용사, 명사와도 결합해 '어떠한 것 같다', '무엇인 것 같다'라는 의미도 전달할 수 있죠. 여기서는 seem이 어떤 형태로 사용되는지에 초점을 맞춰 핵심 의미를 확실히 익혀 봅시다.

seem의 핵심 의미

- ~인 것처럼 보이다 · ~인 것 같다

  너 많이 놀란 것처럼 보이는구나.
  You **seem** very surprised.

- ~하는 것 같다 · ~하는 것처럼 보이다 (seem + to 동사)

  너 그거 마음에 들어 하는 것 같구나.
  You **seem** to like it.

seem[1]

MP3 09-01

너 많이 놀란 것처럼 보이는구나.

You seem very surprised.

BAM
HAPPY BIRTHDAY
Yeah, I'm really surprised.

어, 나 정말 놀랐어.

1 단계 **seem**을 활용해 다음 문장을 영어로 말해 봅시다

			TIP
Lv.1	1	이 가방은 내 것 같아요.	seem to be
	2	그 상황은 꽤 괜찮아 보였어요.	과거시제
Lv.2	3	그녀는 믿을 만한 사람처럼 보이나요?	seem like
	4	이 의자는 100달러의 가치가 있는 것 같아요.	현재시제
	5	여기 안이 추운 것 같아, 그렇지?	It seems
	6	우리 이웃들은 좋은 사람들 같아 보여요.	seem like
Lv.3	7	그 식당은 지역 사람들에게 인기가 많은 듯 보였어요.	과거시제
	8	이 장소들은 보이는 것처럼 좋군요.	현재시제

이런 **단어로** 말하자

1 내 것 mine 2 상황 situation | 꽤 pretty (형용사로는 '예쁜'이란 뜻인데, 부사로는 '꽤'라는 뜻으로 형용사를 수식합니다) 3 믿을 만한 reliable | 사람 person 4 가치가 있는 worth 5 여기 안에 in here 6 이웃 neighbor 7 지역 사람 local resident (resident 거주자, 주민) | ~에게 인기 많은 popular with 8 장소 place | ~처럼 as

~인 것처럼 보이다 · ~인 것 같다

짐작을 표현하는 **seem**

seem은 **짐작**을 나타내는 동사입니다. 무언가를 보고 어떠한 점을 느껴서, 확실하지는 않지만 어떠할 것이라고 '짐작한다'는 의미를 표현하죠. 가령, '그는 똑똑하다'처럼 일종의 정의를 내릴 때는 He is bright.라고 하지만, '그는 똑똑한 것 같아요' 같은 짐작은 He **seems** to be bright.라고 표현합니다. 이때 짐작의 정도에 따라 형태가 조금 다른데요, 눈에 확연히 보일 정도라면 seem 뒤에 바로 형용사를 씁니다. 반면 어느 정도 짐작은 되나 시간이 지나야 더 정확하게 알 수 있는 경우는 〈seem to be + 형용사〉로 표현하죠. 한편 '무엇과 같아 보인다, 무엇처럼 보인다'라고 명사를 써서 표현할 때는 〈seem to be + 명사〉 또는 〈seem like + 명사〉 형태로 씁니다.

영어 표현을 확인하고 입으로 연습해 봅시다

- ☐ 1 This bag **seems** to be mine.
- ☐ 2 The situation **seemed** pretty okay.

- ☐ 3 Does she **seem like** a reliable person?
- ☐ 4 This chair **seems** worth 100 dollars.
- ☐ 5 It **seems** cold in here, doesn't it?
- ☐ 6 Our neighbors **seem like** good people.

- ☐ 7 The restaurant **seemed** popular with local residents.
- ☐ 8 These places are as nice **as they seem**.

이렇게 **문장을** 만들자

4 worth 뒤에 금액을 넣으면 금전적인 가치가 있음을 나타낼 수 있어요. 그래서 '100달러의 가치가 있는'은 worth 100 dollars라고 합니다. 5 날씨에 대해 말할 때는 주어로 it을 사용합니다. 7 인기 많아 보이는 것이 명백한 경우에는 seem 뒤에 to be 없이 바로 형용사를 쓰세요. 8 어떠해 보이는 것처럼 실제로도 그렇다는 의미를 표현할 때는 〈as + 형용사 + as + 주어 + seem〉을 활용하세요.

seem

2 seem + to 동사

MP3 09-02

너 그거 마음에 들어 하는 것 같구나.

You seem to like it.

생일선물로 받았다니 좋겠다~

I totally like it.

완전 마음에 들어.

1 단계 seem을 활용해 다음 문장을 영어로 말해 봅시다

			TIP
Lv.1	1	그는 충분한 돈을 가진 것처럼 보여요.	현재시제
	2	그들은 내가 준 것을 좋아하는 것 같아요.	과거시제
Lv.2	3	너는 이것이 무엇인지 아는 것처럼 보여.	현재시제
	4	모두가 이 파티를 즐기고 있는 것 같아요.	현재시제
	5	그가 말한 것을 내가 이해하는 듯 보였나요?	과거시제
	6	그들은 그것에 대해 이미 알고 있던 것처럼 보였어요.	have p.p.
Lv.3	7	모두 일정보다 앞서 떠난 것 같군요.	It seems that
	8	모든 학생들은 시험에 합격할 것처럼 보여요.	It seems like

이런 **단어로** 말하자

1 충분한 enough 2 내가 준 것 what I gave 3 ~을 알고 있다 know 4 모두 everyone | ~을 즐기다 enjoy 5 ~을 이해하다 understand 6 ~에 대해 about | 이미, 벌써 already 7 일정보다 앞서 ahead of schedule (ahead of ~보다 앞서, ~보다 먼저) 8 시험 exam | (시험에) 합격하다, 통과하다 pass

~하는 것 같다·~하는 것처럼 보이다

동사와 함께 쓰는 **seem**

짐작을 나타내는 동사 seem은 다른 동사와 결합할 때 뒤에 **to 동사** 형태가 됩니다. 그래서 〈seem to + 동사〉 형태로 **'~하는 것 같다'**라는 의미를 나타내죠. 이때 시제에 따라 의미가 달라집니다. 예를 들면 'seem to know(아는 것 같아 보인다) / seem to have known(알고 있던 것 같아 보인다) / seemed to know(아는 것 같아 보였다) / seemed to have known(알고 있던 것 같아 보였다)'처럼 가리키는 시간적 의미가 다르죠. 이때 주어를 it으로 해 〈It seems that + 주어 + 동사〉 형태로 써도 의미는 같아요. 예를 들면 He seems to know the answer. / It seems that he knows the answer. 둘 다 '그는 답을 아는 것 같아 보여요'란 뜻이죠. 참고로, that 대신 like를 접속사로 쓴 It seems like ~는 It seems that ~보다 좀 더 주관적인 의견을 나타냅니다.

영어 표현을 확인하고 입으로 연습해 봅시다

- □ 1 He **seems to have** enough money.
- □ 2 They **seemed to like** what I gave.

- □ 3 You **seem to know** what this is.
- □ 4 Everyone **seems to be enjoying** this party.
- □ 5 Did I **seem to understand** what he said?
- □ 6 They **seemed to have** already **known** about it.

- □ 7 It **seems that** everyone has left ahead of schedule.
- □ 8 It **seems like** all the students will pass the exam.

• • •
이렇게 **문장을** 만들자

3 '이것이 무엇입니까?'를 뜻하는 What is this?는 동사 뒤에 목적어로 올 때는 what this is의 어순으로 씁니다. 4 '즐기고 있다'라는 현재의 사실은 is enjoying, '즐기고 있는 것 같다'라는 짐작은 불확실성을 나타내는 to 동사를 써서 seems to be enjoying. 6 to 뒤에는 항상 동사원형이 오므로, 과거의 일을 나타낼 때는 to have p.p. 형태를 쓰세요. 이 경우 부사는 have와 p.p. 사이에 옵니다. 8 '그 학생들이 합격할 것 같다'는 예측을 나타내므로 조동사 will을 씁니다.

leave

저자 강의 10

leave – left – left

떠나다 / 남기다

leave는 한국어로 의미를 옮겼을 때는 '떠나다, 출발하다, 놔두고 가다, 놓아 두다, 남겨 두다, 맡기다' 등 엄청나게 다양한 뜻을 가진 것처럼 느껴질 수 있습니다. 하지만 자세히 뜯어 보면 모든 의미가 결국 '떠나다, 남기다'라는 두 가지 핵심 개념으로 연결됩니다.

leave 하면 '떠나다'라는 의미가 너무 강하게 인식되어 있는 나머지, 다른 의미를 뜻할 때는 leave를 생각해내기 힘든 분들이 많더군요. 이제는 leave의 또 다른 핵심 의미인 '어떠한 채로 두다'란 의미에 대해서도 자유롭게 표현해 봅시다.

leave의 핵심 의미

- ☐ (~을) **나가다 · 떠나다 · 출발하다**
  콘서트에 늦지 않으려면, 우리는 지금 나가야 돼.
  Not to be late for the concert, we'd better **leave** now.
- ☐ (~한 상태로 · ~인 채로) **그대로 두다**
  내 생각에는 내가 스토브를 켜 둔 것 같아.
  I think I **left** the stove on.
- ☐ **~을 남기다 · 맡기다**
  혹시 누가 나한테 메시지 남겼나요?
  Did anybody **leave** a message for me?

leave[1]

MP3 10-01

콘서트에 늦지 않으려면, 우리는 지금 나가야 돼.

Not to be late for the concert, we'd better leave now.

지민이를 실망시켜선 안돼!
BTS
BTS
Okay.
Let's move.
좋아.
움직이자.

1 단계

leave를 활용해 다음 문장을 영어로 말해 봅시다

			TIP
Lv.1	1	지금 가니[퇴근하니]?	be -ing
	2	너는 언제 서울을 떠나니?	be -ing
Lv.2	3	나갈 때 알려 주세요.	Let me
	4	그 기차는 몇 시에 출발합니까?	What time
	5	그 버스는 3시 정각에 출발합니다.	현재시제
	6	우리는 일정보다 사흘 앞서 떠났어요.	과거시제
Lv.3	7	내가 조금만 더 일찍 떠났더라면, 기차를 탈 수 있었는데.	had p.p.
	8	이 방에서 나갈 때 반드시 모든 불을 끄도록 하세요.	When

이런 **단어로** 말하자

4 몇 시 what time | (교통수단이) 출발하다 leave, depart 5 ~시 정각 o'clock sharp (여기서 sharp는 부사로, 시간을 나타내는 표현 뒤에 써서 정확한 시간을 나타냅니다) 6 일정보다 앞서 ahead of schedule (ahead of ~보다 빨리) 7 조금만 a bit | 더 일찍 earlier (early 일찍) 8 불, 조명 light | ~을 끄다 turn off (반대로 '~을 켜다'는 turn on)

(~을) 나가다 · 떠나다 · 출발하다

있던 곳에서
자리를 뜰 때는
leave

'오늘 밤에 놀러 나가니?'와 '지금 나가니?'를 영어로 옮길 때, 둘 다 go out을 떠올리기 쉬워요. 하지만 go out은 약속이 있거나 일이 있어서 나가는 것을 뜻하고, leave는 있던 곳에서 **나가는 행위** 자체를 의미합니다. 그래서 퇴근하는 사람에게 '이제 가?'라고 할 때도 Are you going?이 아니라 Are you **leaving**?이라고 묻죠. leave의 의미를 무작정 '떠나다'로 외우다 보니 정작 더 많이 쓰는 '가다, 나가다'라는 표현에서는 다른 어휘를 떠올리는 경우가 많은데요, 있던 곳에서 나가는 행위와 출발을 의미하는 '가다'는 leave로 표현하세요.

2 단계 **영어 표현**을 확인하고 입으로 연습해 봅시다

☐ 1 **Are** you **leaving** now?

☐ 2 When **are** you **leaving** Seoul?

☐ 3 Let me know when you **leave**.

☐ 4 What time does the train **leave**?

☐ 5 The bus **leaves** at 3 o'clock sharp.

☐ 6 We **left** 3 days ahead of schedule.

☐ 7 If I **had left** a bit earlier, I could have taken the train.

☐ 8 When you **leave** the room, make sure to turn off all the lights.

이렇게 **문장을** 만들자

1 퇴근은 있던 사무실에서 나가는 것을 의미하므로 leave를 씁니다. 2 가까운 미래에 있을 일은 현재진행형으로 표현할 수 있으며, leave 뒤에 장소를 쓰면 '(장소를) 떠나다'란 뜻이 됩니다. 3 시간이나 조건의 뜻을 나타내는 부사절에서는 미래 의미라도 동사는 현재시제로 씁니다. 4 기차는 늘 규칙적으로 같은 시간에 출발하므로 현재시제로 물어보세요. 7 과거의 일에 대해 현실과 다르게 상상하거나 가정할 때는 if절에 had p.p.를 사용하세요.

leave

2 leave + 명사 + 형용사/과거분사/전치사

MP3 10-02

내 생각에는 내가 스토브를 켜 둔 것 같아.

I think I left the stove on.

아차!
깜빡했다!
Let me go and check it.

내가 가서 확인할게.

leave를 활용해 다음 문장을 영어로 말해 봅시다

			TIP
Lv.1	1	그 아기를 혼자 두지 마세요.	Don't
	2	제가 창문을 열어 놔도 될까요?	Can I
Lv.2	3	그 문을 닫아 놔도 될까?	Is it okay to
	4	당신은 왜 이 방을 텅 비워 두나요?	현재시제
	5	너 TV 켜 두었니?	have p.p.
	6	그 우산을 밖에 놔 두시겠어요?	Can you
Lv.3	7	내가 그 차 문을 잠가 두면 좋았을 텐데.	should have p.p.
	8	우리는 그 히터를 꺼 두라고 요구하지 않았습니다.	과거시제

이런 **단어로** 말하자

1 혼자 alone 2 열려 있는 open (open은 '열다'라는 뜻의 동사와 '열려 있는'이란 뜻의 형용사로 모두 쓸 수 있습니다) 3 닫힌 closed 4 텅 빈 empty 5 (전원이) 켜진 on 6 우산 umbrella | 밖에 outside 7 (자물쇠로) ~을 잠그다 lock 8 히터 heater (heat 열, 뜨거움) | (전원이) 꺼진 off | ~하라고 요구하다 ask to 동사

(~한 상태로·~인 채로) 그대로 두다

어떤 상태로
놔 두는 것은
leave

leave는 어떠한 상태나 위치에 **그대로 놔 두는 것**도 의미합니다. 앞 장에서 공부한 '떠나다, 출발하다'를 의미하는 leave는 뒤에 목적어 없이 쓸 수도 있는데, '무언가를 어떠한 상태로 두다'를 의미하는 leave 뒤에는 '무언가'에 해당하는 명사가 반드시 필요하죠. 그리고 그 명사의 상태를 표현하는 형용사나 과거분사 혹은 전치사가 뒤에 옵니다. 그래서 〈leave + 명사(대상) + 형용사/과거분사/전치사〉 형태로 쓰죠. find가 '(경험으로) 알다'란 뜻으로 쓰일 때처럼 우리가 흔히 아는 〈주어 + 동사 + 목적어 + 목적보어〉 형태의 문장으로 생각하면 됩니다.

영어 표현을 확인하고 입으로 연습해 봅시다

□ 1 **Don't leave** the baby alone.

□ 2 **Can I leave** the window open?

□ 3 **Is it okay to leave** the door closed?

□ 4 Why do you **leave** this room empty?

□ 5 **Have** you **left** the TV on?

□ 6 **Can you leave** the umbrella outside?

□ 7 I **should have left** the car locked.

□ 8 We **didn't ask to leave** the heater off.

이렇게 **문장을** 만들자

3 상대방에게 허락을 구할 때 Is it okay to ~?가 Can I ~?보다 더 격식적이고 공손한 느낌을 줍니다. 5 말하고 있는 현재 시점에도 TV가 켜져 있는 상황이기 때문에, 과거부터 현재까지 지속되는 상황을 나타내는 현재완료시제 have p.p.를 씁니다. 7 '~하면 좋았을 텐데, ~할 걸 그랬어'라고 후회를 표현할 때는 should have p.p.

leave[3]

MP3 10-03

혹시 누가 나한테 메시지 남겼나요?

Did anybody leave a message for me?

Jack Smith from the headquarters.
본사의 Jack Smith 가요.

1 단계 **leave**를 활용해 다음 문장을 영어로 말해 봅시다

			TIP
Lv.1	1	그냥 그것을 내게 맡기세요.	명령문
	2	누가 이 메모를 남겼나요?	과거시제
Lv.2	3	그 업무는 우리 팀에게 맡기셔도 됩니다.	can
	4	우리 할머니께서는 모든 돈을 나에게 남기셨어요.	과거시제
	5	너희 삼촌이 네게 돈을 얼마나 남기셨니?	How much
	6	Jackson에게 메시지 남겨도 될까요?	Can I
Lv.3	7	내가 너에게 그것을 맡기면, 네가 결정 내릴래?	If
	8	그 문제는 그냥 내게 맡겨요. 내가 뭘 할 수 있을지 볼게요.	명령문

이런 **단어로** 말하자

2 메모 memo 3 업무 task 4 할머니 grandmother | 모든 돈 all the money (all 모든, 전부의) 5 삼촌 uncle | (양, 값이) 얼마 how much 6 메시지 message 7 결정을 내리다 make a decision (decision 결정) 8 문제 problem

~을 남기다·맡기다

사람에게 뭔가를
남기고 맡기는 건
leave

회화에서 사용 빈도가 높은 leave의 의미 중 하나는 '누구에게 무엇을 **남기다[맡기다]**'란 뜻입니다. 메시지, 유산, 물건 등을 다른 사람에게 남기는 것부터, 어떤 일이나 책임, 결정 등을 다른 사람에게 맡기는 것까지 모두 leave로 표현할 수 있죠. 이때 사람에게 남기고 맡기는 무언가가 다르기 때문에 사람 앞에 놓는 전치사도 상황에 따라 달라집니다. 예를 들어 '~에게 메시지를 남기다'는 〈leave a message **for** + 사람〉이지만, '~에게 돈을 남기다'는 〈leave money **to** + 사람〉이 되죠. 아래 예문을 보면서 각각 어떤 전치사를 사용해 표현하는지 익혀 보세요.

2 단계 **영어 표현**을 확인하고 입으로 연습해 봅시다

- ☐ 1 Just **leave** it to me.
- ☐ 2 Who **left** this memo?

- ☐ 3 You **can leave** the task to our team.
- ☐ 4 My grandmother **left** all the money to me.
- ☐ 5 How much money did your uncle **leave** to you?
- ☐ 6 **Can I leave** a message for Jackson?

- ☐ 7 If I **leave** it to you, will you make a decision?
- ☐ 8 Just **leave** the problem to me. I'll see what I can do.

• • •
이렇게
문장을
만들자

2 '누가'가 주어이므로 뒤에 바로 동사 left를 씁니다. 4 '(유산으로) 사람에게 물건을 남기다'라고 할 때 〈leave + 물건 + to + 사람〉 또는 〈leave + 사람 + 물건〉으로 표현하므로, left me all the money라고 해도 좋습니다. 6 '~에게 메시지를 남기다'라고 할 때는 사람 앞에 전치사 for를 씁니다. 8 '~에게 문제를 맡기다'라고 할 때 사람 앞에 전치사 to를 씁니다.

stay

저자 강의 11

stay – stayed – stayed

계속 머물다

"Stay hungry. Stay foolish."
스티브 잡스(Steve Jobs)가 생전에 스탠포드 대학교의 졸업 축사에서 소개한 유명한 문구입니다. 그 당시 세계적인 인기를 누린 문구라 영어 좀 하신 분들께는 익숙한 표현이죠. '끊임없이 갈망하고, 끊임없이 궁금해 하라'는 의미로 아직 배울 것이 더 많음을 알라는 숨은 뜻을 가지고 있어요.
stay 하면 떠오르는 첫 번째 의미는 '머물다'일 텐데요. 물리적인 공간에 계속 머무는 것뿐만 아니라 이 표현에서처럼 어떤 상태에 계속 머무는 것 또한 stay로 표현할 수 있습니다. 일상 회화에서 사용 빈도가 높은 표현이므로 여기서는 특히 〈stay + 형용사〉로 구성되는 표현이 어떤 뜻으로 해석되는지 잘 익혀 두시길 바랍니다.

stay의 핵심 의미

- ☐ **머물다 · 지내다 · 계속 있다**
  여기가 지금 내가 지내고 있는 호텔입니다.
  This is the hotel where I'm **staying** now.

- ☐ (~한 상태로) **유지하다** (stay + 형용사)
  당신에게 계속 알려드리도록 하겠습니다.
  I will make you **stay** informed.

MP3 11-01

여기가 지금 내가 지내고 있는 호텔입니다.

This is the hotel where I'm staying now.

HOTEL
Wow, it looks great.

와, 멋진데요.

1 단계 **stay**를 활용해 다음 문장을 영어로 말해 봅시다

			TIP
Lv.1	1	여기 조금 더 오래 있을 수 있겠니?	Can you
	2	난 오늘 밤에는 집에 있을 거 같아.	I think
Lv.2	3	저는 더 이상 머물 수 없겠는데 어쩌죠.	I'm afraid
	4	그녀는 나에게 자기와 같이 지내자고 부탁했어요.	과거시제
	5	너는 누구와 같이 지내고 있는 중이니?	be -ing
	6	당신은 얼마나 오래 여기에 머물고 있는 중인가요?	have been -ing
Lv.3	7	밖이 너무 추우니까 너는 실내에 있는 것이 좋겠어.	had better
	8	파티가 끝날 때까지 네가 있었으면 좋았잖아.	should have p.p.

이런 **단어로** 말하자

1 조금 더 오래 a little longer (a little은 '조금'이란 뜻으로 비교급을 수식) 2 집에 home, at home (home은 '집'이라는 뜻의 명사, '집에'라는 뜻의 부사로 모두 쓰이므로 두 표현 모두 가능합니다) 3 더 이상 any longer 7 너무 추운, 얼어붙을 듯이 추운 freezing (freeze 얼다) | 실내에 indoors

머물다·지내다·계속 있다

어떤 장소에
계속 있는 것은
stay

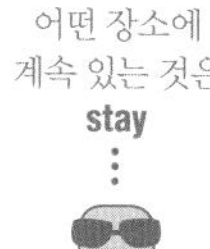

stay의 기본적인 의미는 **'머물다'**인데, 어떤 물리적인 공간에 계속 있다는 의미로 쓰는 동사입니다. 뿐만 아니라 어떤 상황(event)에 있다는 의미도 나타내죠. 심지어 사랑하는 사람에게 곁에 있으라고 할 때도 stay를 써서, Stay with me(내 곁에 있어요)라는 제목의 팝송도 있어요. 한국어로는 '머물다'보다는 오히려 '있다'가 더 자연스러운 표현이죠. '여기 조금만 더 **있어** 줄래요? / 그냥 집에 **있을** 거야.' 같은 표현을 모두 stay로 할 수 있습니다. 특히, 집에서 '나가지 않는다'를 not going out보다 stay로 표현하는 것이 더 영어답지요.

영어 표현을 확인하고 입으로 연습해 봅시다

□ 1 **Can you stay** here a little longer?

□ 2 I think I**'m staying** (at) home tonight.

□ 3 I'm afraid I **can't stay** any longer.

□ 4 She asked me **to stay** with her.

□ 5 Who **are** you **staying** with?

□ 6 How long **have** you **been staying** here?

□ 7 You**'d better stay** indoors as it's freezing outside.

□ 8 You **should have stayed** until the party ended.

이렇게
문장을
만들자

2 가까운 미래의 예정을 나타낼 때는 현재진행시제를 사용합니다. 3 I'm afraid (that)은 유감을 표할 때 쓰는 표현으로 '어쩌죠' 정도의 의미를 가집니다. 4 '누구에게 ~하자고 부탁하다'는 〈ask + 사람 + to + 동사〉 형태로 표현해요. 6 현재도 여기 머물고 있는 상황이므로 현재완료진행시제 have been -ing를 사용하세요. 7 '~때문에, ~이므로'를 의미하는 접속사 as를 쓰세요. 8 stay는 '물리적 공간에 머무르다'란 의미 외에도 '어떤 상황(event)에 있다'를 나타낼 수 있습니다.

2 stay + 형용사

MP3 11-02

당신에게 계속 알려드리도록 하겠습니다.

I will make you stay informed.

Great!
Keep me posted.

좋아요!
계속 연락 줘요.

1 단계 stay를 활용해 다음 문장을 영어로 말해 봅시다

			TIP
Lv.1	1	잘 지내.	명령문
	2	채널 고정해 주세요.	명령문
Lv.2	3	난 그저 계속 침착하려고 애쓰고 있는 중입니다.	be -ing
	4	우리가 해야 할 일에 계속 집중하도록 합시다.	Let's
	5	건강을 유지하려면, 하루에 최소 8잔의 물을 마셔요.	to 동사
	6	미소 지음으로써 당신은 긍정적인 상태를 유지할 수 있어요.	can
Lv.3	7	그 장군은 병사들에게 살아남으라고 명령했다.	과거시제
	8	당신의 목표를 이루기 원한다면, 계속 강해야 합니다.	should

이런 **단어로** 말하자

2 (라디오, 텔레비전 등의 채널을) 맞추다 tune (과거분사형은 tuned) 3 침착한 calm 4 ~에 집중하다 focus on 5 건강한 healthy | 최소한, 적어도 at least 6 미소 짓다 smile | 긍정적인 positive 7 장군 general | 병사 soldier | 살아 있는 alive | 명령하다 order 8 목표 goal | ~을 이루다 achieve | 강한 strong

(~한 상태로) 유지하다

상태의 유지를
표현하는
stay

stay는 어떤 공간에 계속 있는 것뿐만 아니라 어떤 **상태로 계속해서 있는 것**을 의미할 때도 씁니다. Stay well.(잘 지내.)이라는 표현은 stay의 의미를 '머물다'로만 외웠다면 쉽게 나올 수 없는 문장이죠. stay 뒤에 상태를 의미하는 형용사나 과거분사를 쓰면 '계속해서 어떠한 상태로 있다', '어떤 상태로 계속 유지하다'란 의미를 표현할 수 있습니다.

2 단계 **영어 표현**을 확인하고 입으로 연습해 봅시다

- ☐ 1 **Stay** well.
- ☐ 2 **Stay** tuned.

- ☐ 3 I'm just trying **to stay** calm.
- ☐ 4 **Let's stay** focused on what we have to do.
- ☐ 5 **To stay** healthy, drink at least 8 cups of water a day.
- ☐ 6 You **can stay** positive by smiling.

- ☐ 7 The general ordered the soldiers **to stay** alive.
- ☐ 8 If you want to achieve your goal, you **should stay** strong.

이렇게
문장을
만들자

3 '~하려고 애쓰다'는 〈try to + 동사〉. 5 '~하려면, ~하기 위해서는'은 〈To 동사〉로 표현하며, '하루에'라는 시간 단위는 day 앞에 관사 a를 써서 a day라고 합니다. 6 '~함으로써'라는 방법에 대해 말할 때는 by -ing를 쓰므로 '미소 지음으로써'는 by smiling이 됩니다. 7 '누구에게 ~하라고 명령하다'는 〈order + 사람 + to + 동사〉.

keep

저자 강의 12

keep – kept – kept

지속하다 / 유지하다

keep의 핵심 개념은 '지속과 유지'입니다. 과거부터 해 오던 행동을 계속하고, 어떤 상태가 계속 유지되게 하는 것을 나타내는 동사죠. keep은 -ing와 짝을 이루고, 상태를 의미하는 형용사와도 짝을 이루는데요, 일반 형용사는 물론 동사가 변한 형용사, 즉 p.p.(past participle = 과거분사)와도 함께 많이 씁니다.

무엇보다 keep은 회화 표현력 향상에 있어 아주 중요한 동사입니다. 의미를 한국어로 옮겼을 때 드러나지 않는 경우가 많다 보니 영어권 연수를 다녀오신 분들도 회화에서 자유롭게 쓰기 어려워하죠. 예를 들어, 식당에서 '나 30분 넘게 기다렸어'라고 할 때 대부분 I waited ~라고 시작하는데, 정확한 표현은 I was kept waiting for over half an hour.입니다. 상대가 나를 기다리게 한 것이므로 수동태 be kept로 표현하죠.

여기에서는 이 정도의 고급 수준 문장까지 표현할 수 있도록 keep의 핵심 개념을 확실히 익히는 것에 중점을 두었습니다. keep이 어떤 형태로 어떤 의미를 표현하는지 알아볼까요?

keep의 핵심 의미

☐ **~을 계속 가지고 있다 · 보관하다 · 계속 해나가다** (keep + 명사)

너 꼭 약속 지켜야 돼!
You must **keep** your promise!

☐ **계속해서 ~하다** (keep + -ing)

피자를 그만 먹어야 하는데 멈출 수가 없어.
I shouldn't **keep** eating the pizza but I can't stop.

☐ (어떤 상태로) **유지되게 하다** (keep + 명사 + 형용사)

당신의 차를 안전하게 유지하는 방법들을 알려줄게요.
Let me tell you some ways to **keep** your car safe.

1 keep + 명사

MP3 12-01

너 꼭 약속 지켜야 돼! 알았지?

You must keep your promise! Okay?

Sure, I will.

물론, 그럴게.

keep을 활용해 다음 문장을 영어로 말해 봅시다

			TIP
Lv.1	1	네가 그 펜 가지고 있어도 돼.	can
	2	제가 줄곧 그 돈을 다 가지고 있어요.	have p.p.
Lv.2	3	당신은 일기를 계속 쓰세요?	현재시제
	4	혹시 너는 애완동물로 돼지 키워 본 적 있니?	have p.p.
	5	이거 돌려줄까요, 아니면 제가 계속 가지고 있을까요?	can I
	6	이 차를 얼마나 타는[소유하는] 것이 좋을까요?	should
Lv.3	7	전 이 알약들을 항상 맨 위 칸에 보관합니다.	현재시제
	8	네 생각에 그가 비밀을 지킬 수 있을 거 같니?	Do you think

이런 **단어로** 말하자

3 일기 diary 4 애완동물 pet 5 (소유자에게) 돌려주어 back | 아니면 or 7 알약 pill ('일반적인 약'은 medicine) | 맨 위 칸에 on the top shelf (top '맨 위', shelf는 '(책장의) 칸') 8 비밀 secret

~을 계속 가지고 있다·~을 보관하다·계속 해나가다

계속 소유함을 나타내는 **keep**

keep 하면 **계속**과 **유지**라는 핵심 개념을 먼저 떠올려 주세요. 〈keep + 명사〉는 회화에서 아주 많이 쓰는 조합인데, 기본적인 의미는 크게 세 가지입니다. 첫 번째로 '~을 계속해서 가지고 있다'란 의미인데, have와 달리 '장시간의 소유'를 뜻하죠. 또, 오랜 시간 물건을 가지고 있는 거니까 '~을 보관하다'라는 의미도 됩니다. 마지막으로 '~을 꾸준히 해나가다'라는 의미가 있는데요, 어떤 행위의 지속을 의미할 때도 keep을 씁니다. 예를 들어 일기는 계속해서 꾸준히 쓰는 것이므로 '일기를 쓰다'를 **keep** a diary라고 하죠. 또한 약속이나 비밀을 계속해서 '지키다' 역시 keep으로 표현합니다.

2 단계 **영어 표현**을 확인하고 입으로 연습해 봅시다

- ☐ 1 You **can keep** the pen.
- ☐ 2 I **have kept** all the money.

- ☐ 3 Do you **keep** a diary?
- ☐ 4 **Have** you ever **kept** a pig as a pet?
- ☐ 5 Do you want this back, or **can I keep** it?
- ☐ 6 How long should I **keep** this car?

- ☐ 7 I always **keep** these pills on the top shelf.
- ☐ 8 Do you think he **can keep** a secret?

이렇게 **문장을** 만들자

2 과거부터 현재까지 줄곧 돈을 가지고 있었다는 의미이므로 현재완료시제 have p.p.를 사용하세요. 3 일기를 쓰는 것처럼 규칙적이고 반복적인 행위는 현재시제로 표현합니다. 4 '동물을 키우다'는 동물을 계속 가지고 있다는 의미이므로 keep을 써서 표현할 수 있습니다. 5 '돌려주다'는 부사 back을 이용해 표현하세요.

keep 2 keep + -ing

MP3 12-02

피자를 그만 먹어야 하는데 멈출 수가 없어.

I shouldn't keep eating the pizza, but I can't stop.

You have had enough, right?
너 충분히 먹지 않았니?
계~속 들어가네!

keep을 활용해 다음 문장을 영어로 말해 봅시다

			TIP
Lv.1	1	그냥 계속 해나가세요.	명령문
	2	내가 이 일을 계속 하는 것이 좋을까?	Shall I
Lv.2	3	당신은 왜 계속 같은 질문을 합니까?	현재시제
	4	생계비가 계속해서 오르는 것 같아 보입니다.	seem to
	5	우리는 살아가는 방법을 계속해서 배우는 것이 좋아요.	should
	6	그것을 계속 하는 어떤 이유가 있니?	Do you have
Lv.3	7	1시간 넘게 나는 계속 기다렸어. <상대가 나를 기다리게 한 경우>	be kept
	8	우리가 무엇을 하든 우리는 계속 앞으로 나아가야 합니다.	Whatever

이런 **단어로** 말하자

1 해나가다 go on(상대에게 포기하지 말고 계속 하라는 의미를 전달할 때는 '하다'라는 의미의 동사 do가 아닌 go on을 씁니다) 2 일 job 3 질문을 하다 ask the question 4 생계비 the cost of living (cost 비용) | 오르다 rise 5 ~하는 방법 how to 6 이유 reason 7 ~을 기다리다 wait 8 앞으로 나아가다 move forward (여기서 forward는 물리적 공간의 '앞으로'란 의미가 아니라 심리적으로 '앞으로' 전진한다는 뜻)

계속해서 ~하다

행동의 계속을 표현하는 **keep**

하던 행동을 계속하는 것을 표현할 때 keep 뒤에 -ing 형태의 동사를 씁니다. -ing 형태는 미래를 의미하는 to 동사와는 달리 '과거부터 현재까지 지속되는 일'을 표현하죠. 따라서 해 오던 일을 **'유지하다'** 혹은 **'계속하다'**를 의미할 때 keep 뒤의 동사를 -ing 형태로 쓴다고 할 수 있습니다. 이때 keep on -ing 형태로도 쓸 수 있는데, 약간의 의미 차이가 있습니다. '어떤 행동을 계속하다' 즉 지속된다는 의미가 핵심일 때는 on을 쓰지 않지만, 어떤 어려움이 있게 되더라도 그 일을 계속 해나가라는 의미를 전할 때는 keep on -ing를 쓰죠.

영어 표현을 확인하고 입으로 연습해 봅시다

- ☐ 1 Just **keep going on.**
- ☐ 2 **Shall I keep doing** this job?
- ☐ 3 Why do you **keep asking** the same question?
- ☐ 4 The cost of living **seems to keep rising.**
- ☐ 5 We **should keep learning** how to live.
- ☐ 6 Do you have any reason **to keep doing** it?
- ☐ 7 I **was kept waiting** for over an hour.
- ☐ 8 Whatever we do, we **have to keep moving forward.**

이렇게 **문장을** 만들자

2 '내가 ~하는 것이 좋을까?' 하고 물어볼 때는 Shall I ~? 또는 Should I ~?를 둘 다 쓸 수 있습니다. 4 '~하는 것 같아 보인다'라고 할 때 seem 뒤에 오는 동사는 'to 동사' 형태로 씁니다. 5 '~하는 방법'은 〈how to 동사〉. 7 상대가 나를 기다리게 해서 내가 계속 기다린 상황이므로 수동태 be kept로 표현하세요.

keep 3 keep + 명사 + 형용사

MP3 12-03

당신의 차를 안전하게 유지하는 방법들을 알려줄게요.

Let me tell you some ways to keep your car safe.

What are the ways?

어떤 방법들인가요?

keep을 활용해 다음 문장을 영어로 말해 봅시다

			TIP
Lv.1	1	당신의 손을 깨끗이 유지하세요.	명령문
	2	나에게 계속 소식 전해 주세요.	명령문
Lv.2	3	난 불이 계속 타고 있게 하려고 애쓰고 있어요.	be -ing
	4	이걸 뜨겁게 유지하는 좋은 방법이 있을까요?	Is there
	5	내 차를 어떻게 계속 새것처럼 보이게 할까요?	현재시제
	6	그들은 자신들의 얼굴을 계속 가리고 숨겼어요.	과거시제
Lv.3	7	그 꼬마를 계속 조용히 시키는 건 네가 할 수 있는 일이 아냐.	-ing
	8	우리는 제목들을 단순하고 매력적으로 유지하는 게 좋겠어요.	should

이런 **단어로** 말하자

1 깨끗한 clean 2 소식을 전하다 post (과거분사형은 posted) 3 (불이) 타다 burn | ~하려고 애쓰다 try to 4 뜨거운 hot 5 ~하게 보이다 look 6 가리다 cover (과거분사형은 covered) | 숨기다 hide (과거분사형은 hidden) 7 꼬마 kid | 조용한 quiet | ~은 네가 할 수 있는 일이 아니다 ~ is not an option you have (불가능하다는 의미의 세련된 표현으로, option은 '선택 사항'이란 뜻입니다) 8 제목 title | 단순한 simple | 매력적인 attractive

(어떤 상태로) 유지되게 하다

상태의 유지를 표현하는 **keep**

앞에서 '어떠한 상태가 되게 하다'는 make로 표현한다고 했는데요, '계속해서 어떠한 상태가 **유지[지속]되게 하다**'라고 할 때는 keep을 써서 〈keep + 명사 + 형용사/-ing/p.p.〉 형태로 표현할 수 있습니다. 이처럼 상태의 유지를 표현할 때는 형용사는 물론 동사가 변한 형용사인 분사도 올 수 있어요. 아래에서 형용사, 분사(-ing/p.p.)가 쓰일 때의 예문을 골고루 제시했으니 형태를 확실하게 익혀 봅시다.

2 단계 **영어 표현**을 확인하고 입으로 연습해 봅시다

- ☐ 1 **Keep** your hands clean.
- ☐ 2 **Keep** me posted.

- ☐ 3 I **am trying to keep** the fire burning.
- ☐ 4 Is there any good way **to keep** this hot?
- ☐ 5 How do I **keep** my car looking new?
- ☐ 6 They **kept** their faces covered and hidden.

- ☐ 7 **Keeping** the kid quiet is not an option you have.
- ☐ 8 We **should keep** the titles simple and attractive.

이렇게 **문장을** 만들자

2 목적어인 me가 '소식을 받는' 입장이므로 post(소식을 전하다)의 과거분사형 posted를 쓰세요. 3 불이 계속 '타고 있음'에 대한 유지를 의미하므로 현재분사 burning을 씁니다. 5 계속해서 새것처럼 보이게 한다는 의미이므로 현재분사 looking을 쓰세요. 6 얼굴이 가려지고 숨겨진 것이므로 수동의 의미를 가진 cover와 hide의 과거분사를 사용합니다.

work

저자 강의 13

work – worked – worked

제 할 일을 하다

work 하면 '일하다'라는 의미부터 바로 떠오를 겁니다. 하지만 이제는 '일하다' 외에도 work의 의미 범위가 어느 정도까지 나타내는지 조금 더 세밀하게 알아 둘 필요가 있습니다.

work의 핵심 개념은 '제 할 일을 하다'입니다. 직업 있는 사람이 자기 일을 하는 것은 물론, 학생이 공부하고, 기계가 작동하고, 약이 효과를 내는 것 모두 '제 일을 하는' 것이죠. 이와 같은 뜻을 표현할 때 work를 활용할 수 있습니다.

work는 전치사와 함께 쓸 때 더욱 다양한 의미로 확장되는데요, 특히 work out, work on이 일상생활에서 대표적으로 많이 쓰는 표현입니다. 여기서는 일상생활에서 자주 쓸 만한 예문 안에 work가 최대한 다양하게 활용되는 형태를 담았으니 확실하게 익혀 두세요.

Let's work it out!

work의 핵심 의미

- ☐ **일하다**
  당신은 아침 일찍 일하는 것을 더 좋아하세요?
  Do you prefer **working** early in the morning?

- ☐ **작동하다 · 기능을 하다 · 효과가 있다**
  이 알약 한 번 먹어 볼래? 항상 잘 듣거든.
  Do you want to try this pill? It always **works**.

- ☐ (일에) **집중하다** (work on) / **해결되다 · 운동하다** (work out)
  우리는 3주째 이 프로젝트에 매달려 있습니다.
  We have been **working on** this project for 3 weeks.

MP3 13-01

당신은 아침 일찍 일하는 것을 더 좋아하세요?

Do you prefer working early in the morning?
One hundred percent, yes!
완전히 그래요!

1 단계 **work**를 활용해 다음 문장을 영어로 말해 봅시다

			TIP
Lv.1	1	나 오늘 밤 야근해.	be -ing
	2	혼자 일하는 것을 즐기나요?	현재시제
Lv.2	3	우리가 일하고 있는 동안에는 우리를 방해하지 마세요.	Don't
	4	혹시 이 분야에서 일해 본 적 있으신가요?	have p.p.
	5	우리는 다른 사람들과 일하는 걸 즐기는 사람이 필요해.	관계사 that
	6	해외에서 일하는 것을 고려해 본 적 있나요?	have p.p.
Lv.3	7	여기는 내가 새벽에 일하기에 가장 좋은 장소입니다.	This is
	8	만약 KC Motors에서 일하고 싶으면, 이 자격증을 따세요.	want to

이런 **단어로** 말하자

1 야근하다 work late 2 혼자 alone | ~을 즐기다 enjoy 3 ~하는 동안 while | ~을 방해하다 disturb 4 분야 field 5 다른 사람들 others | ~이 필요하다 need 6 해외에서 abroad | ~을 고려하다 consider 7 새벽에 at dawn (dawn 새벽) 8 ~에서 일하다 work at | 자격증 certificate

일하다

일반적으로
일하는 것은
work

work 하면 가장 기본적인 의미로 떠올리기 쉬운 것이 **'일하다'**입니다. 직장에서 일하든, 돈을 받고 일하든 일하는 것과 관련된 건 모두 work를 활용해 표현할 수 있죠. work의 대표 의미를 정확하게 아는 것만큼 중요한 것은 다양한 시제와 형태로 활용할 수 있는 응용력입니다. 아래 있는 예문들을 완전히 흡수해서 초급 수준이었던 문장력을 한 단계 더 올려 봅시다.

2 단계 **영어 표현**을 확인하고 입으로 연습해 봅시다

□ 1 I'm **working late** tonight.

□ 2 Do you enjoy **working** alone?

□ 3 Don't disturb us while we **are working**.

□ 4 **Have** you ever **worked** in this field?

□ 5 We need a person that enjoys **working** with others.

□ 6 Have you ever considered **working** abroad?

□ 7 This is the best place for me **to work** at dawn.

□ 8 If you **want to work** at KC Motors, get this certificate.

이렇게 **문장을** 만들자

1 미래의 일이지만 이미 확정된 일정이나 계획은 be -ing로 나타냅니다. 5 '~하는 걸 즐기는 사람'은 관계사 that 혹은 who를 활용하는데요, that 뒤의 동사 enjoy(즐기다)의 주어는 a person이므로 동사 형태는 enjoys가 됩니다. 6 '~하는 것을 고려하다'라고 할 때 consider 뒤에 오는 동사는 -ing 형태로 씁니다. 7 일하는 주체인 '나'를 to work 앞에 넣을 때는 반드시 전치사 for를 사용하세요.

work[2]

MP3 13-02

이 알약 한 번 먹어 볼래? 항상 잘 듣거든.

Do you want to try this pill? It always works.

이거 먹고
빨리 나아~
Oh, let me try it then.
아, 그럼 한번 먹어 볼게.

work를 활용해 다음 문장을 영어로 말해 봅시다

			TIP
Lv.1	1	이 진통제는 잘 들어요.	현재시제
	2	그거 작동해?	현재시제
Lv.2	3	그 알약 먹었는데 효과가 좋았어요.	과거시제
	4	인스타그램 또 안 돼.	be -ing
	5	만약 이것을 사용하면, 효과가 있을까?	be going to
	6	이 복사기는 지금 작동 안 하고 있어요.	be -ing
Lv.3	7	제가 그 약 먹었는데 전혀 효과가 없었어요.	과거시제
	8	우리는 효과가 있는 새로운 시스템이 필요합니다.	현재시제

이런 **단어로** 말하자

1 진통제 painkiller 3 알약 pill 4 인스타그램 Instagram 6 복사기 copy machine | 지금 at the moment (moment는 정확한 시점을 나타내는 '순간'을 뜻해요) 7 전혀 ~하지 않다 not ~ at all (부정문을 강조할 때는 at all을 씁니다) 8 시스템 system

작동하다·기능을 하다·효과가 있다

제 할 일을
하는 것은
work

학생에게 You're **working** hard.라고 하면 '너 공부 열심히 하고 있구나'라는 의미이고, The copy machine isn't **working** now.는 '복사기가 지금 작동 안 해요'란 뜻입니다. work의 공통된 개념이 느껴지시죠? 작동하는 것은 기계가 할 일을 하는 것이고, 공부하는 것은 학생이 할 일을 하는 것이고, 약을 먹어서 효과가 있는 것은 약이 제 할 일을 하는 거죠. 이런 의미를 모두 work로 표현할 수 있어요. 심지어 SNS가 잠시 안 될 때도 work로 표현합니다. 한국어로는 '효과가 있다, 작동하다, 일하다'로 다르게 표현하지만 결국 **'기능하다'**라는 것이 work의 핵심 개념입니다.

2 단계 **영어 표현**을 확인하고 입으로 연습해 봅시다

- ☐ 1 This painkiller **works** well.
- ☐ 2 Does it **work**?

- ☐ 3 I took the pill, and it **worked** well.
- ☐ 4 Instagram **isn't working** again.
- ☐ 5 If I use this, **is it going to work**?
- ☐ 6 This copy machine **isn't working** at the moment.

- ☐ 7 I took that medicine, but it **didn't work** at all.
- ☐ 8 We need a new system that **works**.

• • •
이렇게
문장을
만들자

4 인터넷이나 SNS가 잠시 안 되는 걸 표현할 때도 work를 써서 isn't working으로 표현할 수 있어요. 말하는 시점에 일어나는 상황이니까 현재진행시제로 표현하세요. 5 단순한 조건을 의미하는 부사절에서는 미래 의미라도 현재 시제로 표현합니다. going to를 구어에서는 간단히 gonna라고 줄여 말하기도 해요. 8 '효과가 있는 시스템'은 관계사 that을 사용해 system that works라고 합니다.

우리는 3주째 이 프로젝트에 매달려 있습니다.

We have been working on this project for 3 weeks.

You guys are doing great!

여러분들 아주 잘 하고 있어요!

1 단계 work를 활용해 다음 문장을 영어로 말해 봅시다

			TIP
Lv.1	1	새 프로젝트에 집중해 보자.	Let's
	2	나는 내 영어 강세에 관해 더 노력해야 해요.	need to
Lv.2	3	우리가 그걸 해결할 수 있을 거라고 나는 확신해요.	I'm sure
	4	헬스장에서 얼마나 오래 운동하세요?	How long
	5	나는 우리를 위해 모든 일들이 잘 해결되기를 바랍니다.	I hope
	6	당신은 어떻게 그렇게 빨리 그것을 해결했나요?	과거시제
Lv.3	7	우리는 최선을 다했고 일들은 잘 해결되었어요.	과거시제
	8	저는 거의 3년째 헬스장에서 운동해 오고 있어요.	have been -ing

이런 **단어로** 말하자

1 프로젝트 project 2 (음절의) 강세 stress 4 헬스장 gym ('헬스장'은 주로 gym이라고 하는데, health club, fitness club이라고도 해요) 5 잘, 만족스럽게 fine 6 빠르게, 빨리 fast 7 최선을 다하다 do one's best | 일들 things 8 거의 almost

(일에) 집중하다 / 해결되다·운동하다

전치사와
결합한
work

이번에는 동사 work가 전치사 on과 out을 만났을 때 어떤 의미를 표현하는지 살펴보려고 합니다. 먼저 on 하면 접촉이 떠오르죠. 그래서 **work on**은 '어떤 일에 붙어 있다'라는 의미를 갖고 있어요. 그래서 '어떤 일에 착수하다, 매달리다, 집중하다'를 넘어 '노력하다'라는 뜻까지 나타내죠. 한편 **work out**에서 out은 일과 노력의 결과가 나오는 것을 표현해요. 그래서 '해결되다'라는 의미를 가집니다. '그 일을 해결하다'는 work it out, '잘 해결되다'는 work out fine이라고 하죠. 또한 work out은 '(근육을 키우기 위해) 운동하다'라는 의미도 나타냅니다.

영어 표현을 확인하고 입으로 연습해 봅시다

- ☐ 1 **Let's work on** the new project.
- ☐ 2 I **need to work on** my English stress.
- ☐ 3 I'm sure we **can work** it **out.**
- ☐ 4 How long do you **work out** at the gym?
- ☐ 5 I hope everything **works out** fine for us.
- ☐ 6 How did you **work** it **out** that fast?
- ☐ 7 We did our best, and things **worked out** fine.
- ☐ 8 I **have been working out** at the gym for almost 3 years.

이렇게
문장을
만들자

3 work out처럼 '동사 + 부사'로 이루어진 표현에서는 대명사가 목적어로 올 때 동사와 부사 사이에 옵니다. 4 '헬스장에서'는 공간을 나타내는 전치사 at을 써서 at the gym이라고 합니다. 5 '~이기를 바라다'라고 할 때 hope (that). 6 '그렇게나'를 의미하는 that은 부사나 형용사 앞에 위치하므로 '그렇게 빠르게'는 that fast. 8 규칙적이건 불규칙적이건, 오랜 기간 동안 해 온 행위는 현재완료진행시제 have been -ing로 표현합니다.

use

저자 강의 14

use - used - used

사용하다

'사용하다, 이용하다'를 의미하는 use는 '사용, 이용'이란 뜻의 명사로도 쓰는데, 발음을 살펴 보면 명사일 때는 [유쓰], 동사일 때는 [유즈]로 달라 주의해야 하는 단어입니다.
used를 활용한 used to / get used to / be used to 역시 일상생활에서 굉장히 많이 쓰는 표현인데요, 여기의 used는 use의 과거형이 아니므로 '사용했다'라는 의미가 아닙니다. 그래서 각각 어떤 의미를 갖는지 확실히 알아두는 게 중요하죠. 더불어 여기서 to는 전치사라서 뒤에 동사가 아니라 -ing 형태의 동사가 온다는 사실도 꼭 명심하세요.
use의 다양한 의미에 맞게 실용성을 기준으로 예문을 구성했으니 각각의 의미를 확실하게 정리하고 말 훈련으로 이어가 보세요.

use의 핵심 의미

- □ **~을 쓰다 · 사용하다 · 이용하다**
  누구든지 물어보지 않고 이 장소를 사용할 수 있습니다.
  Anyone can **use** this place without asking.

- □ (한때는 · 예전에는) **~하곤 했다 · ~였다** (used to)
  하지만 난 한때 담배를 피우곤 했지.
  But I **used to** smoke.

- □ **~에 적응하다 · 익숙해지다** (get used to) / **~에 익숙하다** (be used to)
  당신은 영어로만 말하는 것에 적응하고 있는 중인가요?
  Are you **getting used to** speaking only in English?

use[1]

MP3 14-01

물론이죠. 누구든지 물어보지 않고 이 장소를 사용할 수 있습니다.

Sure. Anyone can use this place without asking.

Is this place available anytime?
이 장소는 언제나 사용 가능한가요?
회의실
여기서 낮잠 자면 최고!

1 단계 **use**를 활용해 다음 문장을 영어로 말해 봅시다

			TIP
Lv.1	1	네 전화 좀 써도 될까?	Can I
	2	물론, 내 걸 써도 돼.	can
Lv.2	3	그것을 사용하려면, 우리는 누구에게 물어봐야 하나요?	to 동사
	4	그건 신상 같아 보여. 난 한 번도 그런 것을 안 써 봤어.	have p.p.
	5	이 길은 매일 수천 명의 사람들에 의해 이용되고 있습니다.	be p.p.
	6	내 생각에 너는 이용당했어.	be p.p.
Lv.3	7	우리가 새것을 살 수 있도록 그냥 그걸 다 써 버리자.	Let's
	8	이 장치를 사용할 수 있으려면, 넌 먼저 설명서를 읽어야 해.	be able to

이런 **단어로** 말하자

1 전화 phone 2 내 것 mine 3 ~해야 하다 need to 4 신상품의 brand-new | 그런 것 such a thing 5 길 road | 수천 명의 thousands of 6 내 생각에 in my mind 7 ~을 다 써 버리다 use up 8 장치 device | 먼저 first | (사용) 설명서 instructions

~을 쓰다 · 사용하다 · 이용하다

뭔가를
쓰는 건
use

사물과 공간에 대한 **사용과 이용**에 대한 표현은 use로 할 수 있습니다. '~을 쓰다, 사용하다, 이용하다'는 use로, '이용당하다, 이용되다'는 수동태 be used로 표현하면 되죠. use는 명사로 '사용, 이용'이란 뜻도 있는데, 명사 use의 발음은 [유쓰], 동사 use의 발음은 [유즈]로 서로 달라 구분해서 알아둬야 합니다. 예를 들면, 세계적으로 유명한 영문법 교재 Grammar in **use**는 [그래머 인 유즈]가 아니라 [그래머 인 유쓰]라고 발음하는 게 맞습니다. 여기서 use는 전치사 in 뒤에 오니까 명사거든요. 동사는 Can I **use** your phone?[캐나이 유즈 유어 포운]처럼 [유즈]로 발음하죠. 품사에 따라 발음이 달라지므로 말할 때 주의하세요.

2 단계 **영어 표현**을 확인하고 입으로 연습해 봅시다

- ☐ 1 **Can I use** your phone?
- ☐ 2 Sure, you **can use** mine.

- ☐ 3 **To use** it, who do we need to ask?
- ☐ 4 It looks brand new. I**'ve** never **used** such a thing.
- ☐ 5 This road **is used** by thousands of people every day.
- ☐ 6 In my mind, you **were used**.

- ☐ 7 **Let's** just **use** it **up** so that we can get a new one.
- ☐ 8 **To be able to use** this device, you have to read the instructions first.

이렇게
문장을
만들자

5 주어인 this road가 사람들에 의해 '이용되는' 것이므로 수동태 be used. 7 use up처럼 '동사 + 부사'로 이루어진 표현에서 대명사가 목적어일 때는 use it up처럼 동사와 부사 사이에 옵니다. 한편 '~할 수 있도록'은 so that 뒤에 조동사 can을 사용해 〈so that + 주어 + can〉의 형태로 표현하세요. 8 '~할 수 있으려면'은 can 대신 be able to를 사용해 〈To be able to + 동사〉로 표현합니다.

MP3 14-02

아니. 하지만 난 한때 담배를 피우곤 했지.

Nope. But I used to smoke.

Do you smoke?
너 담배 펴?
지금은 금연 중!

1 단계 **use**를 활용해 다음 문장을 영어로 말해 봅시다

			TIP
Lv.1	1	나는 한때 머리가 길었어요.	used to
	2	그는 한때 턱수염이 있었어요.	used to
Lv.2	3	당신은 예전에 어디에 살았나요?	Where
	4	우리는 회의하는 데 너무 많은 시간을 보내곤 했어요.	used to
	5	전에는 출근할 때 지하철을 탔습니까?	Did you
	6	나는 예전에는 이렇게나 많은 돈을 못 벌었어.	didn't
Lv.3	7	너 전에는 안경 안 썼지, 그렇지?	didn't
	8	우리 오빠는 판사인데 한때는 변호사였어요.	used to

이런 **단어로** 말하자

1 머리, 머리카락 hair 2 턱수염 beard 3 살다 live 4 회의를 하다 have meetings (meeting 회의) | 너무 많은 too much | ~하는 데에 시간을 보내다 spend time -ing 5 지하철 subway 6 이렇게나 많은 this much | 돈을 벌다 make money 7 안경을 쓰다 wear glasses ('안경'은 항상 복수 형태인 glasses로 씁니다) 8 판사 judge | 변호사 lawyer

과거에 했지만 지금은 안 하는 **used to**

'전에는 했지만 이제는 안 한다', '전에는 안 했지만 이제는 한다'를 표현하는 used to do와 didn't use to do는 실제 회화에서 아주 많이 씁니다. used to는 더 이상 **그 일을 하지 않음**을, didn't use to는 이제는 **그 일을 한다는 것**을 의미하죠. used to만으로도 '이제는 안 하는구나'라는 걸 듣는 사람이 단번에 알 수 있죠. not이 있고 없음에 따라 의미가 완전히 달라지므로 구분해서 알아두세요. 시험 영어에서는 used to 뒤에 동사원형이 나온다는 걸 중요하다고 많이 강조하는데, 회화에서 특히 더 중요하게 쓰는 표현이니 잘 익혀 두세요.

2 단계 **영어 표현**을 확인하고 입으로 연습해 봅시다

- ☐ 1 I **used to have** long hair.
- ☐ 2 He **used to have** a beard.
- ☐ 3 Where did you **use to live**?
- ☐ 4 We **used to spend** too much time having meetings.
- ☐ 5 Did you **use to take** the subway to work?
- ☐ 6 I **didn't use to make** this much money.
- ☐ 7 You **didn't use to wear** glasses, did you?
- ☐ 8 My brother is a judge, but he **used to be** a lawyer.

이렇게 **문장을** 만들자

2. 턱까지 난 수염을 의미하는 beard는 셀 수 있는 명사이므로 반드시 앞에 a를 쓰세요. 5 used to의 의문문은 〈Did + 주어 + use to?〉 형태로 씁니다. 동사원형 use를 쓰는 것에 주의하세요. 6. 전에는 이렇게 많은 돈을 못 벌었지만 이제는 번다는 의미를 didn't use to로 나타낼 수 있어요. 7 '그렇지?'에 해당하는 부가의문문은 앞 문장이 부정일 때는 긍정으로 표현하므로 did you?가 됩니다.

3 get used to / be used to

MP3 14-03

당신은 영어로만 말하는 것에 적응하고 있는 중인가요?

Are you getting used to speaking only in English?

ENGLISH ONLY!
Yeah, I'm still getting used to it.

네, 여전히 적응 중입니다.

1 단계 **use**를 활용해 다음 문장을 영어로 말해 봅시다

			TIP
Lv.1	1	그냥 그것에 적응해라.	명령문
	2	나는 일찍 일어나는 것에 익숙합니다.	be used to
Lv.2	3	나는 영어로 말하는 것에 익숙해지고 있는 것 같아요.	be -ing
	4	당신은 그 일에 적응하고 있는 것 같은가요?	be -ing
	5	그것에 익숙해지도록 네 자신을 만들어라.	Make
	6	우리는 업무차 자리를 비우는 것에 익숙합니다.	be used to
Lv.3	7	나는 그가 자주 늦는 것에 익숙해요.	be used to
	8	환경에 적응하는 것이 첫 번째 단계입니다.	동명사(-ing)

이런 **단어로** 말하자

1 그냥 just 2 일찍 early | (잠자리에서) 일어나다 get up 3 영어로 말하다 speak in English (어떤 '언어로' 말한다는 것을 의미할 때는 전치사 in을 씁니다) 5 네 자신 yourself 6 업무차, 일로 for business | 자리를 비우다 be away (away (집, 회사 등에서) 떠나, 자리를 비워) 7 자주 often | 늦는 late 8 환경 environment | 단계 step

~에 적응하다·익숙해지다 /~에 익숙하다

익숙해지는 걸
표현하는
get used to

새로운 기계나 장치가 처음에는 낯설어도 사용하다 보면 적응해서 익숙해지기 마련이죠. get은 A단계에서 B단계로 가는 중간 과정을 표현하는 동사인 만큼 get used to는 '~에 적응하다, ~에 익숙해지다'란 과정을 의미하고, 적응을 넘어 이제 익숙해진 결과는 be used to(~에 익숙하다)로 표현합니다. **과정**은 get, **결과**는 be로 표현하는 거죠. 이때 적응하고 익숙해지는 '대상'이 있을 텐데요, '~에 적응하다, ~에 익숙하다'의 '~에'를 전치사 to가 표현합니다. 적응하고 익숙해졌다는 것은 어떤 행동을 해 왔다는 의미이므로 to 뒤에 오는 동사는 -ing 형태로 쓰죠.

영어 표현을 확인하고 입으로 연습해 봅시다

☐ 1 Just **get used to** it.

☐ 2 I'**m used to** getting up early.

☐ 3 I think I'**m getting used to** speaking in English.

☐ 4 Do you think you **are getting used to** the job?

☐ 5 Make yourself **get used to** it.

☐ 6 We **are used to** being away for business.

☐ 7 I'**m used to** him[his] often being late.

☐ 8 **Getting used to** the environment is the first step.

이렇게 **문장을** 만들자

2 여기서 to는 전치사이므로, to 뒤에 오는 동사 형태는 getting으로 씁니다. 5 '누구를 ~하게 만들다'는 〈make + 사람 + 동사원형〉. 7 늦는 주체인 '그'를 동사 앞에 밝혀줘야 되는데, being이라는 동명사 앞이니까 소유격 대명사 his를 써도 되고, 목적격 대명사 him을 써도 됩니다. 8 동명사 주어는 단수 취급하므로 동사는 is를 쓰세요.

저자 강의 15

run – ran – run

달리다

run은 기본적으로 '뛰다, 달리다'라는 의미를 갖고 있는 동사입니다. 하지만 이런 뜻 외의 다른 의미로도 일상생활에서 사용 빈도가 굉장히 높습니다. run은 가게나 사업을 '운영하다'와 교통수단이 '운행하다'라는 뜻으로도 많이 씁니다. 사업을 움직이는 이미지, 교통수단이 도로 위를 달려가는 이미지를 떠올리면 감이 올 거예요.

특히 '운행하다'를 뜻하는 run은 여행지에서 쓸 일이 많으니 확실하게 익혀 주세요. '첫 버스는 몇 시에 있나요? / 지하철 아직 있어요? / 버스는 얼마나 자주 운행하나요?' 같은 질문을 모두 run으로 표현할 수 있습니다.

run은 우리가 익히 알던 동사지만, 1, 2초 안에 바로 말로 튀어나올 수 있도록 여기에서 소개한 예문들을 전부 입에 붙이세요. 회화 구사력의 80%는 전부 훈련에 달려 있습니다. 쉬우면서도 실용적인 동사 run을 제대로 익혀 봅시다.

run의 핵심 의미

□ **뛰다 · 달리다**

나는 매일 적어도 20분 동안 뛰는 것을 규칙으로 하고 있어.
I make it a rule to **run** for at least 20 minutes every day.

□ (사업체를) **운영하다 · 경영하다**

여기가 내가 운영하는 카페야.
This is the café I am **running**.

□ (버스 · 기차 등이) **운행하다 · 다니다**

버스는 5시에 운행을 시작합니다.
The bus starts to **run** at 5.

MP3 15-01

나는 매일 적어도 20분 동안 뛰는 것을 규칙으로 하고 있어.

I make it a rule to run for at least 20 minutes every day.

That's why you look so healthy.
그래서 그렇게 건강해 보이는구나.

1 단계 **run**을 활용해 다음 문장을 영어로 말해 봅시다

			TIP
Lv.1	1	당신은 달리는 것을 즐기세요?	현재시제
	2	난 전에는 아침마다 뛰곤 했어요.	used to
Lv.2	3	너 혹시 마라톤을 뛰어 본 적 있니?	have p.p.
	4	규칙적으로 달리는 것은 당신을 건강하게 유지시킵니다.	동명사(-ing)
	5	너는 1분에 얼마나 멀리 달릴 수 있니?	How far
	6	당신은 걷는 것보다 뛰는 것을 더 좋아하세요?	Do you prefer
Lv.3	7	나는 뛰는 대신 걷는 게 좋을 것 같습니다.	should
	8	숨이 차구나. 너 뛰었던 거야?	have been -ing

이런 **단어로** 말하자

1 ~을 즐기다 enjoy 2 ~마다 every (어떤 시간이나 기간마다 일어나는 일을 표현할 때 명사 앞에 씁니다) 3 마라톤 marathon 4 규칙적으로 regularly | 건강한 healthy 5 분 minute | 멀리 far 6 A보다 B를 더 좋아하다[선호하다] prefer B to A 7 ~하는 대신 instead of | 걷다 walk 8 숨이 찬 out of breath (breath 내쉬는 숨)

뛰다·달리다

뛰는 동작을 표현하는 **run**

run의 핵심 의미가 '뛰다, 달리다'인 것은 모두 다 아실 겁니다. 어딘가를 향해 뛰어가든, 운동으로 달리기를 하든, **뛰고 달리는 동작**과 관련된 표현은 모두 run으로 할 수 있죠. 여기서는 단순한 의미보다는 다양한 시제에서 run이 어떻게 활용되는지에 초점을 맞춰 문장을 익혀 보세요. '뛰다가 넘어졌어요'가 단순한 문장 같아도 바로 I fell down while running.이라는 표현이 입에서 나오기란 쉽지 않거든요. 일상 회화에서 자주 쓰는 표현 위주로 꼼꼼하게 익혀 봅시다.

2 단계 **영어 표현**을 확인하고 입으로 연습해 봅시다

- ☐ 1 Do you enjoy **running**?
- ☐ 2 I **used to run** every morning.
- ☐ 3 **Have** you ever **run** a marathon?
- ☐ 4 **Running** regularly keeps you healthy.
- ☐ 5 How far **can you run** in one minute?
- ☐ 6 Do you prefer **running** to walking?
- ☐ 7 I should walk instead of **running**.
- ☐ 8 You're out of breath. **Have** you **been running**?

이렇게 **문장을** 만들자

1 '~하는 걸 즐기다'라고 할 때는 enjoy 뒤에 동사의 -ing 형태가 옵니다. 이미 해 본 것이어야 즐길 수 있으니 미래 의미를 가진 to 동사와는 쓰지 않습니다. 6 '~보다 더 좋아하다'라고 할 때 prefer 뒤의 '~보다'는 than이 아니라 to. 7 전치사 of 뒤의 동사는 -ing형으로 쓰세요. 8 상대방이 조금 전까지 뛰고 있었다가 지금은 멈춘 상태이므로, 시제는 현재완료진행형(have been -ing)을 씁니다.

run[2]

MP3 15-02

여기는 내가 운영하는 카페야.

This is the café I am running.

와, 너 대단하다!

run을 활용해 다음 문장을 영어로 말해 봅시다

			TIP
Lv.1	1	당신은 술집을 운영하고 있나요?	be -ing
	2	혹시 가게 운영해 본 적 있나요?	have p.p.
Lv.2	3	꽃가게 운영하는 것은 제 부업이에요.	동명사(-ing)
	4	신발가게를 운영하는 것은 내 계획들 중 하나입니다.	to 동사
	5	사업을 운영하려면, 마케팅을 공부하는 것은 필수입니다.	to 동사
	6	난 이 사업을 시작하기 전에, 옷 가게를 운영한 적이 있어.	had p.p.
Lv.3	7	난 그 식당을 운영했을 때, 돈을 많이 벌었어요.	When
	8	난 네가 인생에서 언젠가 가게를 운영해 볼 것을 제안해.	suggest that

이런 **단어로** 말하자

1 술집 pub 2 가게 shop, store 3 꽃 가게 flower shop | 부업 second job 4 신발 가게 shoe shop (여기서는 shoe가 '가게'를 수식하고 있으므로 복수가 아닌 단수로 표기합니다) 5 필수적인 necessary 6. 옷 가게 clothing shop 7 돈을 벌다 make money 8 인생에서 during one's life | 언젠가 sometime | ~을 제안하다 suggest

(사업체를) 운영하다 · 경영하다

'사업을 하다'는 동사 do를 써서 do business라고 하지만, '사업체를 운영하다'는 **run** a business라고 합니다. 카페나 가게 같은 사업체를 운영한다고 할 때 한국어로는 '그 사람은 카페 **해요**. / 나 옷 가게 **해** 보고 싶어.'처럼 '운영하다'란 말 대신 단순하게 '하다'로 표현하는 경우가 많죠. 그러다 보니 do를 써야 한다고 오해하기 쉬운데, 어떤 사업을 운영하고 관리하는 것을 표현할 때는 run을 씁니다.

영어 표현을 확인하고 입으로 연습해 봅시다

- ☐ 1 **Are** you **running** a pub?
- ☐ 2 **Have** you ever **run** a shop?
- ☐ 3 **Running** a flower shop is my second job.
- ☐ 4 **To run** a shoe shop is one of my plans.
- ☐ 5 **To run** a business, studying marketing is necessary.
- ☐ 6 Before I started this business, I **had run** a clothing shop.
- ☐ 7 When I **ran** the restaurant, I made a lot of money.
- ☐ 8 I suggest that you **try to run** a shop sometime during your life.

이렇게 **문장을** 만들자

4 가게를 운영하는 것은 앞으로 할 계획을 의미하므로 동명사(-ing)가 아니라 to 동사로 표현하세요. 6 옷 가게를 운영한 것은 과거에 사업을 시작한 것보다 더 과거의 일이므로 had p.p.로 나타냅니다. 7 '운영했던' 과거의 일에 대해 말하므로 run의 과거형 ran을 사용하세요. 8 '~하라고 제안하다'라고 할 때는 suggest that 뒤에 〈주어 + 동사원형〉으로 연결합니다.

버스는 5시에 운행을 시작합니다.

The bus starts to run at 5.

What time is the first bus tomorrow?

내일 첫 버스는 몇 시인가요?

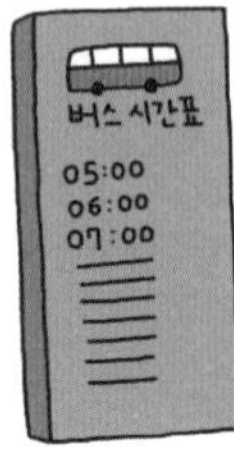

run을 활용해 다음 문장을 영어로 말해 봅시다

			TIP
Lv.1	1	지하철은 자정까지 다닙니다.	현재시제
	2	그 버스는 30분마다 운행합니다.	현재시제
Lv.2	3	공항 가는 버스는 얼마나 자주 있나요?	How
	4	그 케이블카는 매일 운행하나요?	현재시제
	5	그 케이블카들은 얼마나 늦게까지 운행하나요?	How
	6	기차가 얼마나 자주 운행하는지 말씀해 주시겠어요?	Can you
Lv.3	7	그 엘리베이터는 오늘 운행하고 있지 않습니다.	be -ing
	8	인천공항 가는 KAL 리무진 버스는 15분마다 있어요.	현재시제

이런 **단어로** 말하자

1 자정 midnight | ~까지 until (자정이라는 시간까지 운행이 지속되므로 until) 2 30분마다 every half hour (half hour 30분) 3 공항 가는 버스 the bus to the airport (목적지를 나타낼 때는 전치사 to) 4 케이블카 cable car 5 얼마나 늦게까지 how late 7 엘리베이터 elevator 8 리무진 버스 limousine bus | 15분마다 every 15 minutes (every 뒤에 복수의 숫자가 올 때는 복수 명사가 옵니다)

(버스·기차 등이) 운행하다·다니다

교통수단이
다니는 건
run
⋮

run의 핵심 의미 중 하나는 바로 버스, 기차 등의 교통 수단이 '운행하다'입니다. 한국어로 표현할 때는 '운행하다'란 말보다는 '이 시간에 지하철 **다녀요**? / 그 버스는 30분마다 **있어요**.'처럼 '다니다' 또는 '있다'라는 표현을 많이 쓰죠. 그러다 보니 '내일 아침 첫 비행기가 몇 시에 있나요?'를 영어로 하려면 '있다'를 어떤 동사로 표현해야 하는지 헤매기 마련이죠. 이때는 동사 run을 써서 What time does the first flight start to **run**?이라고 하면 됩니다. run은 특히 여행 가서 많이 활용하는 동사이니 실용적인 예문과 함께 기억해 두세요.

영어 표현을 확인하고 입으로 연습해 봅시다

- ☐ 1 The subway **runs** until midnight.
- ☐ 2 The bus **runs** every half hour.
- ☐ 3 How often does the bus to the airport **run**?
- ☐ 4 Does the cable car **run** every day?
- ☐ 5 How late do the cable cars **run**?
- ☐ 6 Can you tell me how often the train **runs**?
- ☐ 7 The elevator **is not running** today.
- ☐ 8 The KAL limousine bus to Incheon Airport **runs** every 15 minutes.

●●● 이렇게 **문장을** 만들자

2 버스의 운행은 반복되는 정해진 일정에 대한 표현이므로 현재시제로 씁니다. 5 '얼마나 늦게까지'는 until을 쓰지 않고 how late로 표현합니다. 6 tell은 말하는 내용을 전달하는 데에 중점을 둘 때 쓰는 동사로, 〈tell + 사람 + 내용〉 형태로 씁니다. 접속사 how often 뒤에는 주어와 동사로 연결하세요. 7 '오늘'이라는 시간 동안만 진행되는 일이므로 현재진행시제로 씁니다.

come

저자 강의 16

come – came – come

오다 / 가다

우리가 흔히 알고 있는 come의 의미는 '오다'입니다. 하지만 come은 go처럼 '가다'라는 뜻도 가지고 있어요. 미드나 영화를 볼 때 분명 자막에는 '갈게요'라고 나오는데 go가 아닌 come이 들려서 고개를 갸우뚱한 적이 있을 겁니다. 따라서 어떤 기준과 상황에서 '가다'를 come으로 표현하는지 정확히 이해하고 말로 직접 훈련해 보는 것이 중요합니다.

come은 또한 전치사와 결합해 '오다'와는 다른 다양한 의미를 만들어냅니다. 여기서는 come in / come over[round] / come from / come up with / come out of / come across 등 일상 회화에서 사용 빈도가 높은 표현을 뽑았습니다. 확실하게 의미를 정리하고 입에 딱 붙여서 외워 버리세요. come은 공들일 만한 가치가 있는 동사입니다!

come의 핵심 의미

□ **오다 · 가다**

내가 같이 가 주길 원하니?
Do you want me to **come** with you?

□ **come + 전치사**

이 티셔츠 큰 사이즈로 나오나요?
Does this T-shirt **come in** a size large?

come[1]

내가 같이 가 주길 원하니?

Do you want me to come with you?

1 단계 **come**을 활용해 다음 문장을 영어로 말해 봅시다

			TIP
Lv.1	1	내가 (안으로) 들어가도 될까요?	Can I
	2	그녀가 당신을 보러 왔나요?	과거시제
Lv.2	3	너랑 같이 갈 수 있는 누군가가 있니?	Is there
	4	나를 차로 데리러 가려고 오고 있는 누군가가 있어요.	There is
	5	그래서 내가 거의 매일 이 카페에 오는 거야.	That's why
	6	너 오늘 밤 내 파티 올 수 있을 것 같니?	Do you think
Lv.3	7	(단골로) 이 식당에 온지 얼마나 오래 되었나요?	have been -ing
	8	오늘 밤에 모든 손님들이 와서, 우리는 장 보러 갑니다.	With

이런 **단어로** 말하자

2 ~을 보다, ~을 만나다 see 3 (의문문에서) 누군가 anybody 4 (긍정문에서) 누군가 somebody | ~이 있다 there is | ~을 차로 데리러 가다 pick ~ up 5 그래서 ~이다, 그게 ~하는 이유다 that's why ~ | 거의 매일 almost every day (almost 거의) 6 오늘 밤 tonight 7 얼마나 오래 How long (기간을 물어볼 때 쓰는 표현) 8 손님 guest | 장 보러 가다 go grocery shopping (grocery 식료품점)

오다·가다

오고 가는 것을
모두 표현하는
come

come을 단순히 '오다'라는 뜻으로만 아는 분들이 많은데요, come은 '가다'라는 뜻도 나타내는 동사입니다. 그렇다면 '가다'를 뜻하는 go와는 어떻게 다를까요? '가다'로 해석되더라도 **'듣는 사람' 입장**에서 **'말하는 사람'이 오는** 상황에는 come을 사용하죠. 예를 들면 Dinner is ready.(저녁 준비됐단다.)라는 엄마의 말에 아이가 '네, 가요.'라고 답한다면, 듣는 엄마 입장에서는 아이가 '오는' 것이므로 I'm coming. 이라고 해야 맞습니다. 영어는 어디까지나 '듣는 사람'을 위한 언어라서 이처럼 화자와 청자의 위치나 상황이 동사를 정하는 기준이 되는 경우가 많아요.

2 단계 **영어 표현**을 확인하고 입으로 연습해 봅시다

- ☐ 1 **Can I come** in?
- ☐ 2 Did she **come** to see you?

- ☐ 3 Is there anybody that **can come** with you?
- ☐ 4 There's somebody **coming** to pick me up.
- ☐ 5 That's why I **come** to this café almost every day.
- ☐ 6 Do you think you **can come** to my party tonight?

- ☐ 7 How long **have** you **been coming** to this restaurant?
- ☐ 8 With all the guests **coming** tonight, we are going grocery shopping.

이렇게 **문장을** 만들자

1 안에 있는 사람 입장에서는 상대가 '오는' 상황이므로 come. 3 that과 who 둘 다 쓸 수 있는데, 회화에서는 일반적으로 that을 많이 씁니다. 6 Can you come ~?보다 Do you think you can come ~?이 더 격식 있는 느낌을 줄 수 있어요. 7 빈도에 상관없이 오랜 기간 해 온 행위는 have been -ing로 표현하세요. 8 〈With + 주어 + -ing〉로 이유를 표현할 수 있습니다.

2 come across/in/from/out of/over/up with

MP3 16-02

실례합니다. 이 티셔츠 큰 사이즈로 나오나요?

Excuse me. Does this T-shirt come in a size large?

딱 내 취향!
Well, let me go and check.
음, 가서 확인해 볼게요.

come을 활용해 다음 문장을 영어로 말해 봅시다

			TIP
Lv.1	1	우리 집에 놀러 올래?	현재시제
	2	이 단어는 프랑스어에서 왔습니다.	현재시제
Lv.2	3	이 신상 가방은 빨간색으로 나오나요?	현재시제
	4	이 기사를 오늘 신문에서 우연히 봤어요.	과거시제
	5	그가 다가오더니 내 여권을 보여 달라고 요구했어요.	과거시제
	6	난 런던에 있는 한 서점에서 이 책을 우연히 찾게 됐어요.	과거시제
Lv.3	7	누가 이렇게 훌륭한 사업 아이디어를 생각해냈나요?	Who
	8	우리는 이 경제 침체기에서 나오기를 기대하고 있습니다.	be -ing

이런 **단어로** 말하자

1 우리 집 my place (place는 '장소, 곳'이라는 뜻인데, 누군가의 '집, 사는 곳'을 뜻하기도 합니다) | (집에) 오다 come over (영국 영어에서는 같은 의미로 come round를 씁니다) 2 단어 word | 프랑스어 French 3 신상의 brand-new | ~으로 나오다 come in 4 기사 article | 신문 paper, newspaper 5 여권 passport | ~을 요구하다 ask 6 서점 bookshop 8 경제 침체기 recession | ~을 기대하다 expect

come + 전치사

전치사와 만나
의미가 확장되는
come

동사 come은 전치사와 만나 실용적이고 다양한 표현을 만들어냅니다. 앞에서 배운 come의 '오다'란 뜻과 전치사의 핵심 의미를 연관 지어서 생각하면 쉬워요. come over는 '(집에) 오다', 혹은 '(내 쪽으로 누군가가) 오다', come from은 '~에서/~으로부터 오다', come in은 '~으로 나오다', come up with는 '~을 생각해내다', come out of는 '~을 벗어나다'라는 뜻입니다. 이때 각 전치사에 따른 핵심 의미를 잘 기억해 두세요. 예를 들어 come across는 사전을 찾으면 '우연히 만나다'라는 뜻이 제일 먼저 나오는데, 주목해야 할 핵심 의미는 **'우연히'**입니다. 누군가를 만난다는 뜻 외에도 '우연히 알게/보게/찾게 됐다'라는 의미를 모두 표현할 수 있죠.

영어 표현을 확인하고 입으로 연습해 봅시다

☐ 1 Do you want to **come over** my place?

☐ 2 This word **comes from** French.

☐ 3 Does this brand-new bag **come in** red?

☐ 4 I **came across** this article in today's paper.

☐ 5 He **came over** and asked me to show my passport.

☐ 6 I **came across** this book at a bookshop in London.

☐ 7 Who **came up with** this great business idea?

☐ 8 We are expecting to **come out of** this recession.

이렇게 **문장을** 만들자

5 어떤 행위를 앞으로 해달라고 요구하는 것이므로 ask 뒤에 오는 동사는 'to 동사' 형태로 씁니다. 7 일반적인 의문문은 〈의문사 + do/does/did + 주어 + 동사?〉지만, 여기서는 who가 주어이므로 바로 동사로 연결하세요. 8 어떤 상황으로부터 벗어나는 것을 '기대하는 중'임을 강조하기 위해 are expecting을 씁니다. 연결되는 동사는 미래 의미이므로 'to 동사'로 쓰세요.

go

저자 강의 17

go – went – gone

어디로 가다 / 어떻게 되어 가다

go는 어떤 장소로의 이동을 표현할 때 쓰는 동사로 '가다'라는 의미를 나타냅니다. 아주 기초적인 동사라 '가다'가 들어가는 문장을 만들 때 go를 활용하기는 별로 어렵지 않습니다. 하지만 과거분사 gone의 형태가 될 때는 생각할 시간이 좀 필요하죠.

go는 상황이나 상태의 변화를 표현할 때, 뒤에 형용사나 p.p.를 넣어 '어떻게 되어 가다'라는 의미도 나타낼 수 있어요. '잘 됐어요'를 의미하는 It went well.이 대표적인 예입니다. 자세히 살펴보면 '어떻게 되어 가다'라는 한국어 표현에도 '가다'라는 말이 들어가는 점이 눈에 띌 거예요.

여기서는 go가 나타내는 대표적인 의미를 중심으로, 시제와 문장 종류에 따라 다양하게 변하는 go의 형태를 보여 주는 예문을 담았습니다. 그럼, Let's go!

go의 핵심 의미

□ **가다**

해외로 가는 것이 최고의 선택일 수 있어.
To **go** abroad can be the best choice.

□ **~하게 되어 가다 · ~하게 되다** (go + 형용사)

당신의 모든 일들이 다 잘되어 가고 있길 바랍니다.
I hope everything is **going** well with you.

go[1]

MP3 17-01

해외로 가는 것이 최고의 선택일 수 있어.

To go abroad can be the best choice.

Where should I go then?

그러면 어디로 가는 것이 좋을까?

1 단계 go를 활용해 다음 문장을 영어로 말해 봅시다

			TIP
Lv.1	1	나 일하러 가야 돼.	have got to
	2	술 한잔하러 갑시다.	Let's
Lv.2	3	그녀는 어디로 가 버렸습니까?	have p.p.
	4	난 토요일마다 암벽 등반하러 가곤 했어.	used to
	5	이 호텔 근처에 쇼핑 가기 좋은 곳이 혹시 있나요?	Is there
	6	내가 너한테 거기 가지 말라고 경고했지, 안 그래?	과거시제
Lv.3	7	하와이에서 해변 가는 것은 꼭 해야 하는 일이죠.	동명사(-ing)
	8	네 생일에 저녁 먹으러 나가는 게 좋을까?	Should we

이런 **단어로** 말하자

1 일하러 가다 go to work (여기서 work는 '일'이 아닌 '일하는 곳'을 의미합니다) 2 한잔하러 가다 go for a drink 3 암벽 등반 rock climbing 4 토요일마다 on Saturdays (요일마다 반복되는 일을 나타내므로 Saturday에 -s를 붙입니다) 5 근처에 near 6 ~에게 경고하다 warn 7 해변 beach | 꼭 해야 하는 일 must-do 8 생일 birthday | 저녁 먹으러 나가다 go out for dinner

가다

어디로 갈 때는 **go**

go의 가장 대표적인 뜻은 '가다'입니다. '~에/~로 가다'라고 할 때는 〈**go to** + 장소〉로 표현하는데요, 이때 '여기(here), 저기(there), 해외로(abroad)'처럼 막연한 공간으로 가는 것을 표현할 때는 to를 쓰지 않죠. 예를 들면, Sydney는 '시드니'라는 명확한 장소이기에 go to Sydney가 가능하지만, abroad는 해외 어디인지 정확하게 알 수 없으므로 to를 안 쓰고 go abroad라고 합니다. 한편 '머리 자르러 가다, 술 마시러 가다, 걸으러 가다'처럼 '~하러 가다'라고 할 때는 **go for**를 사용해 go for a haircut, go for a drink, go for walk처럼 말해요. 또, 취미 활동과 관련해 '~하러 가다'라고 할 때는 go shopping(쇼핑하러 가다), go fishing(낚시하러 가다)처럼 **go -ing**로 표현할 수 있죠.

2 단계 **영어 표현**을 확인하고 입으로 연습해 봅시다

☐ 1 I've **got to go** to work.

☐ 2 **Let's go** for a drink.

☐ 3 Where **has** she **gone**?

☐ 4 I **used to go** rock climbing on Saturdays.

☐ 5 Is there any good place **to go** shopping near this hotel?

☐ 6 I warned you **not to go** there, didn't I?

☐ 7 **Going** to the beach is a must-do in Hawaii.

☐ 8 **Should we go** out for dinner on your birthday?

이렇게 **문장을** 만들자

1 가벼운 회화에서는 have got to에서 have를 생략하고, got to는 gotta로 줄여 말할 수도 있어요. 3 그녀가 어딘가로 가 버려서 지금은 여기 없는 상황이므로 현재완료시제 have p.p.를 사용하세요. 6 '~하지 말라고 누구에게 경고하다'라고 할 때는 〈warn + 사람 + not to + 동사〉. 7 사람들이 과거부터 늘 해오고 있는 행동이므로 주어는 -ing 형태인 Going을 쓰세요. 8 어떤 일을 제안할 때 Should[Shall] we ~?(~할까요?)로 표현할 수 있습니다.

go 2 go + 형용사

MP3 17-02

당신의 모든 일들이 다 잘되어 가고 있길 바랍니다.

I hope everything is going well with you.

Things are going well with me. And you?

저는 다 잘되고 있어요. 당신은요?

go를 활용해 다음 문장을 영어로 말해 봅시다

			TIP
Lv.1	1	그것은 잘됐나요, 아니면 잘못됐나요?	과거시제
	2	모든 것이 잘됐어요.	과거시제
Lv.2	3	파티 하고 남은 음식이 상했어.	과거시제
	4	그 우유는 맛이 시큼해졌나요?	have p.p.
	5	그 팀이 경기에 이겼을 때, 관중들은 미쳐 버렸다.	과거시제
	6	네 생각에 그 고기가 상해 버린 것 같니?	have p.p.
Lv.3	7	그가 그 소식을 들었을 때, 그는 흥분해 날뛰었어요.	과거시제
	8	네가 노래하는 거 멈추지 않으면, 난 미쳐 버릴 거야.	be going to

이런 **단어로** 말하자

3 남은 음식 leftovers | (음식이) 상하다 go bad 4 (맛이) 시큼한 sour 5 ~을 이기다 win | 관중 crowd | 미쳐 버리다 go mad (정신적으로 문제가 생겼음을 의미하기도 하지만 대개는 흥분한 상태를 나타낼 때 자주 쓰는 표현이에요) 6 고기 meat 7 소식 news | ~을 듣다 hear (과거형은 heard) | 흥분해 날뛰다 go wild (wild 몹시 흥분한) 8 미치게 되다 go insane (insane 미친, 정신이 나간)

~하게 되어 가다·~하게 되다

진행과 변화를 표현하는 **go**

어떠한 상황이나 상태의 **진행** 및 **변화**는 〈go + 형용사〉로 나타낼 수 있습니다. 한국어로도 어떤 장소로의 이동뿐만 아니라 상황의 변화에 대해서도 '가다'라고 표현하는 일이 많죠. 예를 들어 음식이 상했을 때 '맛이 갔다'라고 하듯이 영어에서도 go를 넣어 go bad라고 표현합니다. '~하게 되어 가다'란 표현도 마찬가지인데, go는 wild(몹시 흥분한), insane(미친), well(잘), wrong(잘못된) 같은 다양한 형용사와 결합해, 감정, 기분, 상태의 변화를 나타내지요. go가 각각의 형용사와 결합했을 때 어떤 의미를 갖는지 잘 정리해 두세요.

2단계 영어 표현을 확인하고 입으로 연습해 봅시다

- ☐ 1 Did it **go well** or **go wrong**?
- ☐ 2 Everything **went well**.
- ☐ 3 The leftovers from the party **went bad**.
- ☐ 4 **Has** the milk **gone sour**?
- ☐ 5 When the team won the game, the crowd **went mad**.
- ☐ 6 Do you think the meat **has gone bad**?
- ☐ 7 When he heard the news, he **went wild**.
- ☐ 8 If you don't stop singing, **I'm going to go insane**.

이렇게 **문장을** 만들자

1 '아니면'은 접속사 or로 연결하세요. 4 우유가 언제 시큼해지기 시작했는지 알 수 없고, 현재 맛이 변한 상태이므로 현재완료시제(have p.p.)를 사용하세요. 5 과거의 일에 대한 설명이므로 win의 과거형 won과 go의 과거형 went를 써서 표현하세요. 6 상해서 그 결과 이제는 못 먹는다는 현재 상황을 강조하므로 현재완료시제 have p.p.로 씁니다. 8 '~하는 것을 멈추다'라고 할 때 stop 뒤에 오는 동사는 -ing형으로 씁니다.

help

저자 강의 18

help – helped – helped

돕다

일상에서 Excuse me.만큼이나 자주 쓰는 표현이 바로 '돕다'라는 뜻의 동사 help를 활용한 문장입니다. 상대방에게 도움을 주려고 할 때, 상대방에게 도움을 요청할 때 등 can과 help의 결합만으로도 거뜬히 문장을 만들 수 있죠. Help me!(도와주세요!), Can you help me?(절 도와주시겠어요?), Can I help you?(도와 드릴까요?)처럼 초급 때는 일단 내 입을 열게 해주는 고마운 동사입니다.

help는 can't help -ing의 형태로 '~하지 않을 수 없다'란 의미를 표현하기도 하죠. Can't help falling in love with you(당신과 사랑에 빠질 수밖에 없어요)라는 노래 제목은 help의 의미를 단순히 '돕다'라고만 알고 있다면 무슨 뜻인지 알기 힘들지요. 일상생활에서 쓰임이 많은 형태라 다양한 예문 속에 담았으니, 여기서 의미를 확실하게 익혀 둡시다.

그럼 이제 help의 세계로 들어가 볼까요?

help의 핵심 의미

- □ **~을 돕다 · 도와주다**

  제가 도와 드릴까요?
  Do you want me to **help** you?

- □ **~하지 않을 수 없다 · ~할 수밖에 없다** (can't help -ing)

  그가 못생긴 표정을 지어서 난 웃지 않을 수 없었어.
  He made such an ugly face, so I couldn't **help** laughing.

help[1]

MP3 18-01

제가 도와 드릴까요?

Do you want me to help you?

짐이 무거워 보여요.
That would be great.

그래 주시면 좋겠습니다.

1 단계 **help**를 활용해 다음 문장을 영어로 말해 봅시다

			TIP
Lv.1	1	만약 배고파지면, 네가 알아서 챙겨먹어.	If
	2	나 이것 좀 도와줄래?	Can you
Lv.2	3	내 생각에 내가 끝까지 널 도와줄 수 있겠어.	I think
	4	내 생각에 우리가 그날 널 도와줄 수 없을 거 같아.	I don't think
	5	내가 뉴욕에 있을 때, 그는 날 많이 도와주곤 했어요.	used to
	6	이 문제에 대해 누가 우리를 도와줄 수 있게 될까?	will be able to
Lv.3	7	너만이 우리를 도울 수 있어.	Nobody
	8	우리는 그 아이들을 여러 가지 면에서 도와줘야 합니다.	should

이런 **단어로** 말하자

1 배고파지다 get hungry ('~해지다'라는 상태를 나타낼 때는 〈get + 형용사〉) 3 끝까지 도와주다 help out ('처음부터 끝까지'를 의미하는 전치사 out과 동사 help를 함께 쓰면 어떤 일을 처음부터 끝까지 도와준다는 의미를 만들어낼 수 있어요) 4 그날(에) on that day 6 문제 problem 8 여러 가지 면에서, 여러모로 in many ways

~을 돕다·도와주다

사람을
돕는 건
help

사람이나 어떤 일을 **'돕다, 도와주다'**는 동사 help로 표현합니다. help는 일상생활에서 다양하게 활용할 수 있는 동사인데요, 상대가 곤란한 상황에 처해 있는 걸 보면 Can I **help** you?(도와 드릴까요?) 하고 말을 걸 수 있죠. 또, 전화 받았을 때 인사처럼 건네기 좋은 표현이 How can I **help** you?(뭘 도와 드릴까요?)입니다. Help yourself.라는 표현도 '너 스스로를 도와라'라는 의미에서 확장돼서 '네가 직접 먹어', '네가 직접 챙겨'라는 의미로 일상에서 흔히 쓰죠. 한편 전치사와 함께 쓴 help with는 '(어떤 일)을 돕다', help out은 '(사람을) 끝까지 돕다'란 의미를 나타냅니다.

영어 표현을 확인하고 입으로 연습해 봅시다

- ☐ 1 If you get hungry, **help yourself.**
- ☐ 2 **Can you help** me with this?
- ☐ 3 I think I **can help** you out.
- ☐ 4 I **don't think** we **can help** you on that day.
- ☐ 5 He **used to help** me a lot when I was in New York.
- ☐ 6 Who **will be able to help** us with this problem?
- ☐ 7 Nobody **can help** us but you.
- ☐ 8 We **should help** the children in many ways.

이렇게
문장을
만들자

2 '누구의 어떤 일을 돕다'라고 할 때는 〈help + 사람 + with + 어떤 일〉 형태로 쓰세요. 4 '도와줄 수 없을 것 같다'는 부정의 의미는 I think we can't ~가 아니라 I don't think we can ~으로 표현하세요. 6 조동사와 조동사는 함께 쓸 수 없으므로 '~할 수 있을 것이다'는 will can으로 쓰지 않고, will be able to라고 합니다. 7 '너만이 할 수 있다'는 의미를 강조할 때는 '너 말고는 아무도 할 수 없다'라는 의미로 nobody(아무도 ~않다)와 but(~말고는)을 함께 씁니다.

help

2 can't help -ing

MP3 18-02

그가 못생긴 표정을 지어서 난 웃지 않을 수 없었어.

He made such an ugly face, so I couldn't help laughing.

푸하하하!
Oh, he did it again?
걔가 또 그랬어?

1 단계 **help**를 활용해 다음 문장을 영어로 말해 봅시다

			TIP
Lv.1	1	(나로서도) 어쩔 수 없어.	can't help
	2	그는 그것을 말할 수밖에 없었어요.	과거시제
Lv.2	3	우리는 그것에 대해 더 주의 깊게 생각하지 않을 수 없었어.	과거시제
	4	나는 그녀와 사랑에 빠지지 않을 수가 없어요.	현재시제
	5	우리는 이 일을 사랑할 수밖에 없습니다.	현재시제
	6	우리는 그 일을 하는 것을 멈추지 않을 수 없었어요.	과거시제
Lv.3	7	내 멍멍이들을 볼 때, 나는 미소 짓지 않을 수 없어요.	when
	8	그걸 보지 않으려고 애썼음에도 불구하고, 난 어쩔 수 없었어.	Despite

이런 **단어로** 말하자

2 말하다 say ('말하는' 동작을 나타낼 때는 쓰는 동사) 3 주의 깊게 carefully (비교급 표현은 more carefully) 4 ~와 사랑에 빠지다 fall in love with 6 그 일을 하다 do the work 7 멍멍이 doggy (dog를 귀엽게 부르는 단어) | 미소 짓다 smile 8 ~을 보다 look at | ~함에도 불구하고 despite (전치사이므로 뒤에는 명사나 동명사가 옵니다)

~하지 않을 수 없다·~할 수밖에 없다

참을 수 없음을 표현하는 **can't help**

'참아야 되는데 그럴 수 없었어'처럼 안 하려고 애썼지만 '~할 수밖에 없었다, ~하지 않을 수 없었다'를 표현할 때 can't help -ing를 사용합니다. help에 '돕다'라는 의미 외에도 **'참다'**라는 의미가 있기 때문이죠. 참는 행위는 이미 그 일이 시작되었음을 의미합니다. 예를 들어, 어떤 사람과 사랑에 빠질 수밖에 없다는 말도 이미 사랑에 빠졌다는 것을 나타내죠. 그래서 can't help 뒤에는 과거부터 현재까지를 의미하는 동사의 -ing 형태를 씁니다. 참고로 can't help but도 같은 의미인데, I can't help but love English.(영어를 좋아하지 않을 수 없어요.)처럼 뒤에 동사원형이 온다는 점에 주의하세요.

2 단계 **영어 표현**을 확인하고 입으로 연습해 봅시다

☐ 1 I **can't help** it.

☐ 2 He **couldn't help** saying it.

☐ 3 We **couldn't help** thinking about it more carefully.

☐ 4 I **can't help** falling in love with her.

☐ 5 We **can't help** loving this job.

☐ 6 We **couldn't help** stopping doing the work.

☐ 7 I **can't help** smiling when I see my doggies.

☐ 8 Despite trying not to look at it, I **couldn't help** myself.

이렇게 **문장을** 만들자

2 '~할 수밖에 없었어요'는 과거의 일에 대해 이야기하는 것이므로 can의 과거형 could를 활용해 couldn't help -ing 형태로 씁니다. 6 '~하는 것을 멈추다'라고 할 때는 과거부터 해 온 행위를 멈추는 것이므로 stop -ing로 표현합니다. 7 부사절 when I see my doggies가 문장 맨 앞으로 와도 괜찮습니다. 8 '나 자신'도 어쩔 수 없었음을 의미하므로 couldn't help 뒤에 myself를 씁니다.

try

저자 강의 19

try – tried – tried

어떤 일을 해 보다

유학 당시 외국인 친구들과의 식사자리에서 친구들이 Why don't you try this? 라고 말했을 때 '아, 먹어 보라는 말에도 try를 쓰는구나', 하며 신기해 한 적이 있습니다. 한국에서 배운 영어 교재에서는 '노력하다'란 의미만 강조했거든요.

try는 기본적으로 '어떤 일을 해 보다'라는 뜻을 갖고 있어서, 어떤 일을 하려고 노력하는 것과 어떤 일을 시도해 보는 것을 모두 나타냅니다. 일상 회화에서 사용하는 표현들을 유심히 살펴보면 '애쓰다, 노력하다'라는 뜻보다는 오히려 '시도하다'라는 의미로 사용하는 경우가 훨씬 많다는 걸 알 수 있습니다. 예를 들면, 새로운 음식을 '먹어 보다' 역시 시도의 개념이라 try로 표현하고, 쇼핑할 때 '옷을 입어 보다, 신발을 신어 보다' 역시 try on을 쓰지요. 그래서 쇼핑할 때 맘에 드는 옷이 있으면 점원에게 Can I try this on?(이거 입어 봐도 될까요?)라고 물어봅니다.

try는 발음할 때도 주의가 필요한 단어인데요, [트라이]가 아닌 [츄롸이]가 정확한 소리에 더 가깝습니다. tr 뒤에 모음의 소리가 오면 t가 /ㅊ/에 가깝게 발음되거든요. 발음에도 신경 쓰면서 try의 쓰임새를 익혀 봅시다.

try의 핵심 의미

- □ **~을 먹어 보다 · 착용해 보다**

  난 한국 전통 차를 마셔 본 적 있어요.
  I have **tried** Korean traditional tea.

- □ **~하려고 애쓰다 · 노력하다** (try to) **/ ~해 보다** (try -ing)

  과제물을 끝내려고 했는데 못 했어.
  I **tried** to finish the assignment but I couldn't.

MP3 19-01

난 한국 전통 차를 마셔 본 적 있어요.

I have tried Korean traditional tea.
So have I.
저도요.

1 단계 try를 활용해 다음 문장을 영어로 말해 봅시다

			TIP
Lv.1	1	내가 그 수프 먹어 볼게.	Let me
	2	더 큰 걸로 입어 봐도 될까요?	Can I
Lv.2	3	내가 방금 만든 케이크 한 번 먹어 보시겠어요?	Why don't you
	4	난 그 바지를 입어 봤는데 내게 잘 맞았어요.	과거시제
	5	이 귀걸이 착용해 봐도 될까요?	Is it okay to
	6	전 이 볶음밥 먹어 보고 싶어요.	want to
Lv.3	7	나는 물건들을 사기 전에 항상 착용해 봅니다.	현재시제
	8	내가 그걸 맛봤을 때, 조금 싱거웠지만 바삭바삭했어요.	When

이런 **단어로** 말하자

2 더 큰 bigger (big의 비교급 표현) | (옷을) 입어 보다 try on 4 (크기가) 맞다 fit (과거형은 fit/fitted 둘 다 쓸 수 있어요) 5 귀걸이 earrings (두 짝이 한 세트이므로 -s가 붙은 복수형으로 씁니다) 6 볶음밥 stir-fried rice (stir는 '휘휘 젓다', stir-fry는 '(기름을 넣고) 볶다'란 의미) 7 사다 get, buy 8 조금 a bit | 싱거운 bland | 바삭바삭한 crispy

~을 먹어 보다·착용해 보다

'맛보다, 먹어 보다, 입어 보다, 신어 보다, 착용해 보다' 같은 **새로운 시도**의 개념은 전부 try로 표현할 수 있습니다. 예를 들어, 낯선 음식을 먹어 보는 것은 새로운 시도이므로 '이거 먹어 볼래요?'라고 권유할 때는 eat이 아닌 try를 써서 Why don't you try it?이라고 하죠. 한편, 쇼핑할 때 옷을 '입어 보는' 것은 내 몸에 옷을 부착하는 행위이므로 전치사 on을 붙여서 **try on**이라고 해요. '(옷을) 입어 보다'뿐만 아니라 '(신발을) 신어 보다', '(안경을) 써 보다', '(액세서리를) 착용해 보다'도 전부 try on으로 나타낼 수 있죠. 참고로 try on something은 '~해 보다'는 행위를 강조하는 반면, try something on은 '무엇을' 착용하는지 강조하는 표현이에요.

영어 표현을 확인하고 입으로 연습해 봅시다

☐ 1 **Let me try** the soup.

☐ 2 **Can I try on** a bigger one?

☐ 3 **Why don't you try** the cake I just made?

☐ 4 I **tried on** the pants, and they fit me well.

☐ 5 **Is it okay to try** these earrings **on**?

☐ 6 I **want to try** this stir-fried rice.

☐ 7 I always **try** things **on** before I get[buy] them.

☐ 8 When I **tried** it, it was a bit bland but crispy.

이렇게 **문장을** 만들자

2 '더 큰 것'은 〈a + 형용사 비교급 + 대명사 one〉으로 표현하세요. 3 한 번 해 보라고 권할 때 가장 격식 있는 표현은 〈Why don't you + 동사원형?〉. 7 접속사 before를 기준으로 주어가 동일한 경우에는 접속사 뒤 주어를 생략하고 동사에 -ing를 붙여서 쓸 수 있어요. 따라서 before getting [buying] them이라고 해도 됩니다. 여기서는 착용하는 '물건'을 강조하려고 try things on이라고 썼습니다.

try 2 try to / try -ing

MP3 19-02

과제물을 끝내려고 했는데 못 했어.

I tried to finish the assignment, but I couldn't.

해도 해도
끝이 없네.
Neither could I.

나도 못 끝냈어.

try를 활용해 다음 문장을 영어로 말해 봅시다

			TIP
Lv.1	1	과제물을 내일까지 제출하도록 하세요.	명령문
	2	그 새 파일 한 번 열어 봐요. <당연히 열릴 거라는 의미>	명령문
Lv.2	3	난 그들을 설득하려고 애썼지만 성공하지 못했어.	과거시제
	4	내가 문을 노크해 봤는데 답이 없었어요.	과거시제
	5	내가 새로운 무언가를 시도해 보려면 지금이 바로 그때야.	to 동사
	6	선반에 닿아 보려고 애썼지만 그건 너무 높았어요.	과거시제
Lv.3	7	뭔가 다른 걸 하려고 시도하는 게 날 활동적이게 해.	동명사(-ing)
	8	당신이 20대라면, 가능한 한 자주 신나는 것을 시도해 보세요.	If

이런 **단어로** 말하자

1 과제물 assignment | (과제, 보고서 등을) 제출하다 hand in 3 ~을 설득하다 persuade | (어떤 일에) 성공한 successful 4 ~을 노크하다[두드리다] knock on 5 바로 그때 the right time 6 선반 shelf | ~에 닿다 reach | (높이가) 높은 high 7 활동적인 active 8 20대에 in your twenties (전치사 in 과 소유격 your를 써서 '(나이가) 20대에, 30대에'를 표현합니다) | 가능한 한 ~ as ~ as possible | 신나는 exciting

~하려고 애쓰다·노력하다 / ~해 보다

애쓰고 노력하는 것을 표현하는
try

'애쓰다'와 '노력하다'를 뜻하는 try 뒤에는 to 동사와 동명사(-ing)가 모두 올 수 있는데요, try to와 try -ing의 의미 차이는 to 동사와 -ing의 개념에서 찾을 수 있습니다. to 동사의 핵심은 **'불확실성'**과 **'미래적'**이고 -ing의 핵심은 **'확실성'**과 **'과거부터 현재까지'**예요. 그래서 try to는 쉽게 이루어지지 않는 불확실한 미래의 일을 '~하려고 애쓰다[노력하다]'란 의미를 나타냅니다. 과거시제로 쓰면 '노력했지만 할 수 없었음'을 의미하죠. 한편 try -ing는 그렇게 시도하면 되는 일을 '~해 보다'라는 뜻이에요. 과거시제로 쓰면, I tried moving the desk to the other side, but I didn't like it there.(책상을 다른 쪽으로 옮겨 봤었는데 거기가 마음에 들지는 않았어.)처럼 어떤 일을 시도했고, 그 일은 일어났음을 뜻하죠.

2 단계 영어 표현을 확인하고 입으로 연습해 봅시다

□ 1 **Try to hand in** the assignment by tomorrow.

□ 2 **Try opening** the new file.

□ 3 I **tried to persuade** them, but I wasn't successful.

□ 4 I **tried knocking** on the door, but there was no answer.

□ 5 It's the right time for me **to try to do** something new.

□ 6 I **tried to reach** the shelf, but it was too high.

□ 7 **Trying to do** something different makes me be active.

□ 8 If you are in your twenties, **try to do** something exciting as often as possible.

이렇게 문장을 만들지

2 '그렇게 하면 되니까 한 번 해 봐'를 표현할 때는 try -ing. 3 설득하려고 시도했지만 못 했다는 뜻으로, '(노력했지만) 할 수 없었다'를 표현할 때는 tried to를 씁니다. 5 '사람이 ~하기에 가장 좋은 때다'는 〈It's the right time for + 사람 + to + 동사〉. 7 '~을 …하게 만들다'는 〈make + 사람 + 동사원형〉으로 씁니다.

마무리 퀴즈 맞는 동사를 잡아라!

다음 빈칸에 들어갈 알맞은 동사를 골라 보세요.

01 그 케이블카는 매일 운행하나요?
Does the cable car _________ every day?
☐ keep ☐ run ☐ try

02 우리는 누가 그것을 했는지 반드시 알아낼 겁니다.
We will definitely _________ out who did it.
☐ leave ☐ come ☐ find

03 이 신상 가방은 빨간색으로 나오나요?
Does this brand-new bag _________ in red?
☐ come ☐ go ☐ try

04 당신은 오늘까지 그것을 할 수 있을 것 같습니까?
Do you _________ you can do it by today?
☐ seem ☐ find ☐ think

05 나는 그녀와 사랑에 빠지지 않을 수가 없어요.
I can't _________ falling in love with her.
☐ help ☐ work ☐ try

06 그는 중국의 역사에 대해 많이 알아요.
He _________ a lot about the history of China.
☐ uses ☐ knows ☐ tries

07 그 알약 먹었는데 효과가 좋았어요.
I took the pill, and it _________ well.
☐ went ☐ kept ☐ worked

08 그 문을 닫아 놔도 될까?

Is it okay to _________ the door closed?

☐ use ☐ leave ☐ run

09 이 귀걸이 착용해 봐도 될까요?

Is it okay to _________ these earrings on?

☐ try ☐ work ☐ come

10 이걸 뜨겁게 유지하는 어떤 좋은 방법이 있을까요?

Is there any good way to _________ this hot?

☐ seem ☐ keep ☐ find

11 네 생각에 그 고기가 상해 버린 것 같니?

Do you think the meat has _________ bad?

☐ come ☐ left ☐ gone

12 나는 일찍 일어나는 것에 익숙합니다.

I'm _________ to getting up early.

☐ used ☐ worked ☐ kept

13 여기 안이 추운 것 같아, 그렇지?

It _________ cold in here, doesn't it?

☐ thinks ☐ finds ☐ seems

14 오늘 밤에는 집에 있을 거 같아.

I think I'm _________ at home tonight.

☐ trying ☐ staying ☐ going

Answers

01 run 02 find 03 come 04 think 05 help 06 knows 07 worked
08 leave 09 try 10 keep 11 gone 12 used 13 seems 14 staying

GROUP C

비슷해 보이지만 다르다!

함께 알아두면 좋은 혼동하기 쉬운 동사 11

tell / say
talk / speak
see / look
hear / listen / sound
smell / taste

tell
say

저자 강의 20

tell – told – told
say – said – said

'누구'에게 '무엇'을 말하다

Tell me라는 제목의 노래가 한창 인기 있었을 때, tell과 say의 의미 차이에 대한 질문을 자주 받았습니다. 둘 다 '말하다'란 뜻인데 구체적으로는 어떤 차이가 있을까요?

먼저, tell은 말하는 주체와 듣는 대상을 동시에 표현할 때 씁니다. '누가 누구에게 무엇을 말하다'를 의미하죠. Tell me your story.(네 이야기를 '나에게' 해 봐.)처럼 듣는 대상 me가 중요한 동사예요.

반면, say는 어떤 내용에 대해 '말하다'라는 그 행위 자체가 중요합니다. 그래서 신문에서 정부 관계자들의 말을 전할 때 The official said ...처럼 문장을 시작하죠. 미드에서도 Did he say something?(그가 무슨 말을 했나요?)라는 문장을 쉽게 들을 수 있습니다. 이처럼 say는 '말한다'는 행위가 핵심입니다. 만약, say를 쓸 때 듣는 대상도 표현하려면 전치사 to로 연결해야 합니다. 그래서 She said to me that ... 같은 형식이 되죠.

여기서는 일상 회화에서 바로 쓸 수 있는 예문 안에 tell과 say의 다양한 형태를 담았습니다. 실생활에서 어떻게 쓰는지 자세히 익혀 봅시다.

tell의 핵심 의미

□ **~을 말하다 · ~에게 말하다**
그 사람이 내게 모든 진실을 말해줬어요.
He **told** me all the truth.

□ **~에게 …하라고 시키다 · 말하다** (tell + 사람 + to + 동사)
내가 너한테 설거지하라고 했지!
I **told** you to do the dishes!

say의 핵심 의미

□ (~을) **말하다**
다시 한 번 말씀해 주시겠어요?
Could you **say** that again?

□ **~라고 말하다**
Jane은 모든 것이 잘 되어 가고 있다고 말했어요.
Jane **said** that everything was going well.

MP3 20-01

그 사람이 내게 모든 진실을 말해줬어요.

He told me all the truth.

범인은 바로 당신이야!
I don't believe you.

당신 말을 안 믿어요.

1단계 tell을 활용해 다음 문장을 영어로 말해 봅시다

			TIP
Lv.1	1	누가 너에게 그걸 말했니?	과거시제
	2	내게 원하는 것이 무엇인지 그냥 말해요.	명령문
Lv.2	3	너는 내가 거짓말했다고 생각해?	Do you think
	4	어젯밤에 무슨 일이 일어났는지 우리는 들었어요.	be p.p.
	5	우리가 무엇을 해야 하는지에 대해 내가 혹시 말했어요?	Did I
	6	당신이 한 모든 것들을 내게 말하는 것이 어때요?	Why don't you
Lv.3	7	네가 말했던 그 강의가 훌륭한 것 같아.	that절
	8	이것이 내가 너에게 말했던 그 앱이야.	that절

이런 **단어로** 말하자

2 ~에게서 원하다 want from 3 거짓말하다 tell a lie (lie 거짓말) 4 어젯밤 last night | (예상치 못한 일이) 일어나다, 발생하다 happen 5 혹시 ever (말을 안 했을 거라 생각하지만 '혹시' 했는지를 물을 때는 ever를 사용해요) 6 당신이 한 모든 것들 all the things you did 7 강의, 수업 course | 훌륭한 great 8 앱 app (application의 줄임말)

~을 말하다 · ~에게 말하다

누구에게 말할 때는 **tell**

'말하다'라는 뜻의 동사가 많지만, 그 중에서도 tell은 혼자 쓰지 않는 동사입니다. tell의 정확한 의미는 '누구에게 뭔가를 말해 주다'이므로 Tell **me** the story.(나에게 그 이야기를 말해 봐.)처럼 **말을 듣는 대상**이 반드시 tell 뒤에 오죠. '누구에게 ~에 대해 말하다'라고 할 때는 〈tell + 사람 + about〉, '누구에게 ~라고 말하다'라고 할 때는 〈tell + 사람 + that + 주어 + 동사〉 형태를 쓰기도 합니다. 한편 '누군가가 내게 말해 주었다'를 수동태로 바꾸면 결국 '내가 들었다'라는 의미가 되죠. 그래서 말한 주체를 굳이 언급하지 않아도 되는 상황에서는 be told 형태로 많이 씁니다. 참고로 미드에도 많이 나오는 Tell me about it.은 '나에게 그것에 대해 말해 봐'라는 뜻이 아니라 '두말하면 잔소리지', '당연히 그렇지'란 의미로 회화에서 많이 쓰죠.

2 단계 **영어 표현**을 확인하고 입으로 연습해 봅시다

□ 1 Who **told** you that?

□ 2 Just **tell** me what you want from me.

□ 3 Do you think I **told a lie**?

□ 4 We **were told** what happened last night.

□ 5 Did I ever **tell** you about what we have to do?

□ 6 **Why don't you tell** me all the things you did?

□ 7 The course (that) you **told** me about seems great.

□ 8 This is the app (that) I **told** you about.

이렇게 **문장을** 만들자

1 의문사 who가 주어이므로 뒤에 동사 told가 바로 옵니다. 3 tell a lie(거짓말하다), tell a joke(농담하다) 같은 표현은 하나의 행위를 의미하므로 '~에게'라는 대상은 표현하지 않아도 됩니다. 4 말한 주체가 중요하지 않은 경우에는 들은 사람을 주어로 하고 tell을 수동태 be told로 바꿔 표현합니다. 7 The course (that) you told me에서 관계사 that은 생략 가능합니다.

tell 2 tell + 사람 + to + 동사

MP3 20-02

내가 너한테 설거지하라고 했지!

I told you to do the dishes!

Sorry. I forgot to do them.

미안해. 하는 것을 깜빡했어.

1 단계 **tell**을 활용해 다음 문장을 영어로 말해 봅시다

			TIP
Lv.1	1	누가 너한테 이것을 하라고 말했니?	Who
	2	나는 아이들에게 저녁식사 후에 설거지하라고 말했어요.	과거시제
Lv.2	3	내가 혹시 그 쇼를 유튜브에서 보라고 말한 적 있니?	have p.p.
	4	내가 너에게 이 스위치에 손대지 말라고 말했던가?	과거시제
	5	내가 당신에게 그것을 당장 시작하라고 말한 거 기억해요.	that절
	6	난 너한테 Jim에게 다시 전화해 주라고 말하는 걸 깜빡했어.	과기시제
Lv.3	7	우리 아버지는 내게 명확하게 말하라고 말씀하곤 하셨죠.	used to
	8	나에게 무엇을 하라고 아무도 지시한 적 없어요.	have p.p.

이런 **단어로** 말하자

2 설거지하다 do the dishes 3 (TV, 영화 등을) 보다 watch 4 스위치 switch | ~에 손대다, ~을 건드리다 touch 5 당장 right away | ~라는 것을 기억하다 remember (that) 6 ~에게 다시 전화해 주다 call ~ back | ~을 깜빡하다, ~을 잊다 forget 7 명확하게 말하다 speak clearly (일방적인 전달이 아닌 상호 소통을 위해 '말하다'는 동사 speak을 씁니다) 8 아무도 ~않다 nobody (부정의 의미까지 포함되어 있는 단어)

~에게 …하라고 시키다·말하다

남한테
시키는 건
tell

'누구에게 ~해 달라고 부탁하다'는 〈ask + 사람 + to + 동사〉 구조로 표현하는데, '누구에게 ~하라고 말하다'도 같은 구조로 동사만 바꿔 〈tell + 사람 + to + 동사〉로 표현합니다. 누가 누구에게 무엇을 하라고 말하는 거니까, 즉 **'시키다'**라는 의미가 되죠. 한국어에서도 누구한테 뭘 시킬 때 '내가 ~하라고 말했잖아'라는 말을 쓰잖아요. 지시받은 대상이 앞으로 할 일을 의미하기에 뒤에는 to 동사를 써요. 반대로 '~하지 말라고 시키다'라고 할 때는 〈tell + 사람 + not to + 동사〉 형태를 씁니다. ask는 부탁하는 의미인 반면 tell은 지시하는 의미이기에 말투가 제법 딱딱하게 들리는 경우가 많다는 점도 알아두세요.

영어 표현을 확인하고 입으로 연습해 봅시다

- ☐ 1 Who **told** you to do this?
- ☐ 2 I **told** the children to do the dishes after dinner.
- ☐ 3 **Have** I ever **told** you to watch the show on YouTube?
- ☐ 4 Did I **tell** you not to touch the switch?
- ☐ 5 I remember that I **told** you to start it right away.
- ☐ 6 I forgot **to tell** you to call Jim back.
- ☐ 7 My father **used to tell** me to speak clearly.
- ☐ 8 Nobody **has told** me what to do.

이렇게
문장을
만들자

4 '~하지 말라고 말하다'는 〈tell + 사람 + not to + 동사〉. 5 '~라는 것을 기억하다'라고 할 때 〈remember that + 주어 + 동사〉 형태로 표현합니다. 말하고 있는 시점에 기억하고 있다는 뜻이지만 remember처럼 움직임이 눈에 보이지 않는 의미의 동사는 말하는 지금 이 순간을 나타낼 때도 현재시제로 표현합니다. 6 '~하는 것을 잊다'라고 할 때 앞으로 해야 할 일에 대한 것이므로 forget 뒤에 to 동사를 쓰세요. 7 '(예전에) ~하곤 했다'는 〈used to + 동사〉.

MP3 20-03

음... 다시 한 번 말씀해 주시겠어요?

Um... Could you say that again?

Sure. Let me say that again.

물론이죠.
다시 말할게요.

say를 활용해 다음 문장을 영어로 말해 봅시다

			TIP
Lv.1	1	무슨 말 좀 하지 그래요?	Why don't you
	2	욕을 하지 마.	Do not
Lv.2	3	그가 무언가 중요한 걸 말했나요?	과거시제
	4	당신은 뭐든지 원하는 것을 말할 수 있습니다.	can
	5	내가 너한테 무슨 말을 했는지 기억이 안 나.	현재시제
	6	그녀가 무슨 말을 하고 있었는데 나는 들을 수 없었어요.	be -ing
Lv.3	7	내가 뭔가 논리적인 것을 말했더라면 좋았을 텐데.	should have p.p.
	8	우리가 그 아이들에게 무슨 말을 하는 게 좋았을까?	should have p.p.

이런 **단어로** 말하자

2 욕 F-word, four-letter-word (욕하는 단어인 fuck을 대신해서 이처럼 'F로 시작하는 단어', 또는 '네 글자 단어'라고 돌려서 표현합니다) 3 중요한 important 4 (~한 것은) 뭐든지 whatever 5 ~을 기억하다 remember 6 ~이 들리다 hear (청각을 의미하는 상황에서는 동사 hear를 씁니다) 7 논리적인 logical 8 아이들 children

말하는 동작을
표현하는
say

say는 **'말하다'라는 동작** 자체를 의미하는 동사입니다. 일반적으로 '말하다'라는 행위를 나타낼 때는 say를 쓰죠. say 뒤에 목적어가 오면 '~을 말하다'라는 뜻을 나타내기도 합니다. 그래서 상대방에게 '무슨 말 좀 해 봐'라고 할 때 Say something.이라고 하죠. '~에게 말하다'처럼 말하는 것을 듣는 대상을 표현할 때는 〈say to + 사람〉 구조로 표현합니다. say의 과거형 및 과거분사(p.p.)형인 said의 발음은 [쎄드]인데, 이때 [드]는 들릴 듯 말 듯 발음해야 한다는 것도 주의하세요.

2 단계 **영어 표현**을 확인하고 입으로 연습해 봅시다

- ☐ 1 **Why don't you say** something?
- ☐ 2 **Do not say** the F-word.
- ☐ 3 Did he **say** something important?
- ☐ 4 You **can say** whatever you want to.
- ☐ 5 I don't remember what I **said** to you.
- ☐ 6 She **was saying** something, but I couldn't hear her.
- ☐ 7 I **should have said** something logical.
- ☐ 8 What **should** we **have said** to the children?

이렇게
문장을
만들자

4 you want to say something의 변형이므로 반드시 want 뒤에 to를 써야 됩니다. 5 내가 너에게 말한 '무언가'를 의미하므로 what으로 연결해 what I said to you라고 합니다. 8 의문문에서 조동사는 항상 주어 앞으로 가므로, should have p.p.가 들어간 의문문 형태도 should가 주어 we 앞으로 갑니다.

MP3 20-04

Jane은 모든 것이 잘 되어 가고 있다고 말했어요.

Jane said that everything was going well.

It's good to hear that.
잘 됐군요.

 **say**를 활용해 다음 문장을 영어로 말해 봅시다

			TIP
Lv.1	1	그는 "난 서류 작업 하는 중이야"라고 말했어요.	be -ing
	2	그는 그가 과제 하는 중이라고 말했어요.	be -ing
Lv.2	3	내가 직접 그것을 했다고 내가 말했잖아.	과거시제
	4	내가 그것을 모른다고 말했나요?	Did I
	5	네가 "나 전에 여기 와 본 적 있어"라고 말했잖아.	have p.p.
	6	너는 그게 마음에 든다고 말했잖아.	과거시제
Lv.3	7	그들은 7시 전에 여기 도착할 거라고 말했어요.	would
	8	내가 잘 하고 있다고 네가 말했잖아.	be -ing

이런 **단어로** 말하자

1 서류 작업을 하다 do the paperwork (paperwork 서류 작업) 2 과제를 하다 do one's assignment 3 내가 직접 myself 5 여기 와 본 적 있다 have been here ('~에 가 본 적 있다'를 〈have been to + 장소〉로 표현하는데, here는 부사이므로 to 없이 씁니다) 6 ~이 마음에 들다 like 7 (시간상으로) ~전에 before | 여기에 도착하다 get here 8 잘 하다 do well

~라고 말하다

다른 사람 말을 전달할 때 쓰는 **say**

say로 **누군가 한 말을 다른 사람에게 전달**할 수 있습니다. '누가 ~라고 말했다'는 두 가지 방식으로 표현할 수 있는데, 첫째로 상대의 말을 '그대로' 전할 때는 〈주어 + said〉 하고 잠시 쉬었다가 상대가 한 말을 그대로 말하면 되죠. 둘째로 간접적으로 전할 때는 〈said that + 주어 + 동사〉 형태로 말하는데, 이 경우에는 시제와 단어를 적절하게 바꿔야 하죠. 예를 들면, 그대로 얘기할 때는 You said, "I will go there."(네가 "나 거기 갈 거야"라고 했잖아.)이지만 간접적으로 전할 때는 You said that you would come here.(네가 여기 올 거라고 말했잖아.)가 됩니다.

영어 표현을 확인하고 입으로 연습해 봅시다

- ☐ 1 He **said**, "I'm doing the paperwork."
- ☐ 2 He **said** that he was doing his assignment.
- ☐ 3 I **said** that I did it myself.
- ☐ 4 Did I **say** that I didn't know it?
- ☐ 5 You **said**, "I have been here before."
- ☐ 6 You **said** you liked it.
- ☐ 7 They **said** they would get here before 7.
- ☐ 8 You **said** that I was doing well.

이렇게 **문장을** 만들자

4 원래 했던 말은 "I don't know it"인데, 주어는 동일하므로 I 그대로 유지하고, 시제에 맞춰 don't를 didn't로 씁니다. 6 원래 상대가 했던 말은 "I like it"인데, you liked it으로 바꿔 씁니다. 7 원래 그들이 했던 말은 "We will get there."인데, we는 they로, will은 would로, there는 here로 바꿔서 말합니다. 8 원래 상대가 했던 말은 "You are doing well."인데 you를 I로, are를 was로 전환해야 합니다.

talk
speak

talk – talked – talked
speak – spoke – spoken

상대와 소통하다

'말하다'라는 뜻의 동사 중 상대방과의 '소통'이 핵심인 동사 talk과 speak의 뜻은 크게 두 가지로 나눌 수 있습니다. 첫 번째 의미는 '언어를 구사하다(언어로 소통하다)'이고, 두 번째 의미는 '~와 이야기 나누다(~와 소통하다)'입니다.
많은 학습자 분들이 언어 구사 능력은 speak, 상대와의 소통은 talk를 쓴다고 알고 계신데 두 동사 모두 이 두 가지 의미로 씁니다. 예를 들면, I speak both English and French.(난 영어와 프랑스어를 둘 다 말해요.)는 언어 구사 능력을 의미하고, Can I speak to the manager if that's okay?(괜찮다면 매니저와 이야기해도 될까요?)는 어떤 상대와의 소통을 의미하죠.
그럼 지금부터 talk과 speak를 구체적으로 어떻게 쓰는지 알아볼까요?

talk의 핵심 의미

- □ **이야기하다 · 말하다**
  너희들 무엇에 대해 이야기하고 있니?
  What are you guys **talking** about?

speak의 핵심 의미

- □ (특정 언어를) **구사하다 · 이야기하다**
  몇 개의 언어를 하세요?
  How many languages do you **speak**?

talk

MP3 21-01

안녕, 얘들아. 너희들 무엇에 대해 이야기하고 있니?

Hi, guys. What are you guys talking about?

talk를 활용해 다음 문장을 영어로 말해 봅시다

			TIP
Lv.1	1	우리 그 주제에 대해 이야기합시다.	Let's
	2	나 잠시 너랑 이야기해도 될까?	Can I
Lv.2	3	너 누구랑 이야기하던 중이었니?	be -ing
	4	너는 혼잣말하는 것을 즐기니?	Do you
	5	당신과 이야기 나누게 되어 굉장히 영광입니다.	to 동사
	6	금융에 관해서는, 너는 Tom과 이야기하는 것이 좋아.	should
Lv.3	7	우리는 서로 더 자주 이야기 나눌 수 있었는데.	could have p.p.
	8	우리는 이제 그 계획에 대해 이야기해 볼 때입니다.	It's time

이런 **단어로** 말하자

1 주제 topic 2 잠시 for a minute 4 혼잣말하다 talk to oneself (혼잣말은 '자신에게' 이야기를 하는 것이므로 talk to 뒤에 oneself를 넣어 표현합니다) 5 굉장히, 매우 such (명사를 꾸며 줄 때 쓰는 형용사입니다) | 영광 honor 6 금융 finance | ~에 관해서는 with regard to 7 서로 each other | 자주 often 8 계획 plan

이야기하다·말하다

다른 사람과
이야기하는 건
talk

talk의 핵심은 서로 이야기를 주고받는, 즉 **'소통'**에 있습니다. Can I **talk** to you?(잠시 이야기 좀 할까?)는 더 깊게는 내가 '너에게' 이야기하겠다는 숨은 의미가 있죠. '~와 이야기하다'는 전치사 to나 with를 써서 talk to와 talk with로 표현할 수 있어요. 일반적으로 누구와 이야기를 나누는 것은 talk to를 사용하지만, 이야기 나누는 주제가 중요한 경우에는 talk with를 쓰죠. 한편 '~에 대해 이야기하다'는 talk about으로 표현할 수 있습니다. talk 뒤에 오는 전치사 to, with, about에 유의해서 문장을 연습해 보세요.

2 단계 **영어 표현**을 확인하고 입으로 연습해 봅시다

- ☐ 1 **Let's talk** about the topic.
- ☐ 2 **Can I talk** to you for a minute?
- ☐ 3 Who **were** you **talking** to?
- ☐ 4 Do you enjoy **talking to yourself**?
- ☐ 5 It is such an honor **to talk** to you.
- ☐ 6 With regard to finance, you **should talk** with Tom.
- ☐ 7 We **could have talked** to each other more often.
- ☐ 8 It's time for us **to talk** about the plan.

이렇게 **문장을** 만들자

3 말하는 시점보다 과거에 이야기 나누던 중이었음을 표현하므로 과거진행시제 were -ing로 표현합니다. 6 이야기 나누는 주제가 중요한 경우는 〈talk with + 사람〉. 7 과거 사실에 대한 가능성과 아쉬움을 나타낼 때는 could have p.p.를 사용하세요. 8 'to 동사'에서 동사의 행위 주체를 표현할 때는 for us처럼 〈전치사 for + 목적격 대명사〉로 나타냅니다.

speak

MP3 21-02

몇 개의 언어를 하세요?

How many languages do you speak?

Three. English, French, and my mother tongue.

세 개요. 영어, 불어 그리고 제 모국어요.

1 단계 **speak**를 활용해 다음 문장을 영어로 말해 봅시다

			TIP
Lv.1	1	당신은 영어 하시나요?	현재시제
	2	저는 이탈리아어와 스페인어 둘 다 합니다.	현재시제
Lv.2	3	너 프랑스어로 말하고 있는 거지, 그렇지?	be -ing
	4	가능한 한 자주 영어로만 말하도록 노력하세요.	try to
	5	회의에서, 영어로 말하는 것은 선택이 아닙니다.	동명사(-ing)
	6	혹시 새 매니저와 개인적으로 이야기해 본 적 있나요?	have p.p.
Lv.3	7	우리 모두는 CEO와 직접 이야기 나눈 적 있어요.	have p.p.
	8	영어 하는 사람들은 스페인어를 빨리 배우는 경향이 있어.	Those who

이런 **단어로** 말하자

2 이탈리아어 Italian | 스페인어 Spanish | A와 B 둘 다 both A and B 3 프랑스어 French 4 자주 often | 노력하다 try 5 회의 meeting | 선택적인 optional 6 개인적으로 personally 7 직접 in person 8 ~하는 사람들 those who | ~을 배우다 learn | ~하는 경향이 있다 tend to

(특정 언어를) 구사하다 · 이야기하다

언어를
말하는 건
speak

speak 역시 talk처럼 '이야기하다'라는 의미가 있습니다. '~와 이야기하다'는 speak to로 표현하는데, 전화상으로 이야기할 때도 Can I speak to John?(존과 이야기할 수 있을까요?)처럼 speak to를 쓸 수 있어요. 한편 영어, 프랑스어, 한국어 같은 **언어를 구사**하는 것도 speak으로 표현합니다. 이때 '어떤 언어로 말하다'(특정 언어에 대해 선택할 때)라고 할 때는 speak 뒤에 전치사 in을 써야 합니다. 예를 들면, '영어를 하다'는 speak English지만 '영어로 말하다'라고 할 때는 speak in English로 표현합니다. Are you speaking in Korean at the moment?(지금 한국어로 말하는 중인가요?)라고 쓸 수 있죠.

영어 표현을 확인하고 입으로 연습해 봅시다

- [ ] 1 Do you **speak** English?
- [ ] 2 I **speak** both Italian and Spanish.
- [ ] 3 You**'re speaking** in French, aren't you?
- [ ] 4 **Try to speak** only in English as often as you can.
- [ ] 5 At the meeting, **speaking** in English is not optional.
- [ ] 6 **Have** you ever **spoken** to the new manger personally?
- [ ] 7 We **have** all **spoken** to our CEO in person.
- [ ] 8 Those who **speak** English tend to learn Spanish fast.

이렇게
문장을
만들자

1 어떤 언어를 구사할 수 있는지 물을 때 Can you speak ~?보다 정중한 어조의 Do you speak ~?를 쓰세요. Can으로 물으면 그럴 능력이 있냐는, 다소 판단하는 어감이 있습니다. 4 '가능한 한 자주'는 as ~ as 구문을 활용해 as often as you can(네가 할 수 있는 한 자주) 또는 as often as possible이라고 합니다. 5 '필수다'라는 의미를 강조할 때 is not optional(선택이 아니다)로 표현합니다.

see
look

저자 강의 22

see – saw – seen
look – looked – looked

보이다 / 어떠하게 보이다

see의 정확한 뜻은 '~을 보다'일까요, 아니면 '~이 보이다'일까요? 시각이 정상이라면 눈을 감았다 뜨면 주위 것들이 저절로 보이죠? 이처럼 '무언가가 보인다'는 것이 바로 see의 핵심 의미입니다. 서로를 마주 보고 앉아서 오르락내리락하는 놀이터의 기구 이름이 왜 see-saw인지 짐작이 갈 거예요. 쉽게 말해 see는 시각이라는 감각을 나타내는 동사지요.

반면, look은 see와는 달리 주어의 상태를 표현하는 동사입니다. 주어가 '~하게 보이다'라는 뜻을 갖고 있는데, 전치사와 함께 쓸 때는 '~을 보다'라는 뜻을 갖죠. 이번 장에서는 look과 함께 많이 쓰는 대표 전치사 다섯 가지의 의미도 담았으니 확실하게 익혀 두세요.

see의 핵심 의미

☐ **~이 보이다 · ~을 보다**
뭐가 보여? 나 보여?
What do you **see**? Do you **see** me?

☐ **~을 만나다 · ~와 사귀다**
오늘 밤에 누구 특별한 사람 만나?
Are you **seeing** someone special tonight?

look의 핵심 의미

☐ **~하게 보이다** (look + 형용사)
너 정말 완벽해 보여.
You **look** just perfect.

☐ **~을 보다** (look + 전치사)
뭘 보고 있니?
What are you **looking at**?

see[1]

MP3 22-01

눈 떠 봐! 뭐가 보여? 나 보여?

Open your eyes! What do you see? Do you see me?

응, 응!
네가 보여.

1 단계 **see**를 활용해 다음 문장을 영어로 말해 봅시다

			TIP
Lv.1	1	나는 내 주위 모든 것들이 보여요.	현재시제
	2	너 나 춤추고 있는 거 봤니?	과거시제
Lv.2	3	난 너 춤추는 거 한 번도 본 적 없어.	have p.p.
	4	그는 안경을 안 쓰면 어떤 것도 볼 수 없어요.	can't
	5	우리는 어떤 사람도 나가는 것을 못 봤어요.	과거시제
	6	난 누군가가 나를 향해 오고 있는 것을 볼 수 있었어요.	could
Lv.3	7	여기서 무슨 일이 일어나고 있었는지 네가 봤어야 했는데.	should have p.p.
	8	누군가 그들이 자전거 훔치는 것을 아마 봤을 거야.	might have p.p.

이런 **단어로** 말하자

1 ~의 주위에 around 2 춤추다 dance 4 안경을 쓰다 wear glasses (wear는 '(옷, 신발, 액세서리 등을) 착용하다'란 의미의 동사로, '(안경을) 쓰다'에도 wear를 씁니다) | ~없이, ~하지 않고 without 5 어떤 사람 anybody | 나가다 go out 6 ~앞쪽을 향해 toward (영국식 스펠링은 towards) 8 자전거 bicycle, bike | ~을 훔치다 steal

~이 보이다 · ~을 보다

눈에
보이는 것은
see

시각적인 반응으로서의 '보이다'와 무언가를 보게 됐을 때의 '보다'는 모두 see로 표현합니다. 보려고 애쓰지 않아도 자연스럽게 '~이 보이다'라는 의미도 see, 지나가다가 어떤 것이 눈에 들어와 봤을 때 '~을 보다'라는 의미도 see입니다. 중요한 것은 see는 주어의 의지에 의한 적극적인 행위가 아니므로, 특정 시간에 일어나는 일이어도 현재진행시제(be -ing)가 아니라 현재시제로 표현한다는 점입니다. 이때 '전체 행위'를 다 보았을 때는 〈see + 사람 + 동사원형〉, '행위 중'인 것을 보았을 때는 〈see + 사람 + -ing〉로 표현하세요.

영어 표현을 확인하고 입으로 연습해 봅시다

☐ 1 I **see** everything around me.

☐ 2 Did you **see** me dancing?

☐ 3 I've **never seen** you dance.

☐ 4 He **can't see** anything without wearing glasses.

☐ 5 We **didn't see** anybody go out.

☐ 6 I **could see** somebody coming toward me.

☐ 7 You **should have seen** what was happening here.

☐ 8 Somebody **might have seen** them steal the bike.

이렇게
문장을
만들자

1 지금 이 순간에 일어난 일이라도, 보는 행위가 주어의 의지에 의한 행동이 아니므로 현재진행시제가 아니라 현재시제를 씁니다. 2 춤추는 중인 모습을 봤냐는 의미라서 dancing(춤추고 있는)을 씁니다. 3 춤을 추는 평소의 행위를 못 봤다고 말하는 것이므로 동사원형 dance를 씁니다. 7 과거 어느 시점에 '일어나고 있었던' 일을 말하므로 what was happening. 8 자전거를 훔쳐가는 '전체 상황'을 본 것을 뜻하므로 동사원형 steal을 씁니다.

see[2]

오늘 밤에 누구 특별한 사람 만나?

Are you seeing someone special tonight?

평소랑
다르네~
Yes, I'm seeing somebody important.
응, 중요한 사람을 만나.

1단계 **see**를 활용해 다음 문장을 영어로 말해 봅시다

			TIP
Lv.1	1	또 보자. <헤어질 때 쓰는 인사>	동사원형
	2	다시 보게 되어 좋군요.	to 동사
Lv.2	3	너 요즘 누구 만나니[사귀니]?	be -ing
	4	난 오늘 일 끝나고 내 친구 만나요.	be -ing
	5	당신이 그 아이를 마지막으로 본 것이 언제인가요?	과거시제
	6	우리는 그들을 두어 달째 못 봤어요.	have p.p.
Lv.3	7	Smith 선생님은 지금 환자를 진찰하고 있어요.	be -ing
	8	내가 그렇게 안 바빴더라면, 우리는 서로 더 자주 볼 수 있었는데.	could have p.p.

이런 **단어로** 말하자

2 다시 again 3 요즘 these days 4 일 끝나고 after work | 내 친구 a friend of mine (친구가 누군지 밝히지 않을 때는 a friend of mine을 쓰고, 친구 이름까지 밝힐 때는 my friend, Jane처럼 씁니다) 5 마지막 the last time ('처음'과 '마지막'이란 뜻의 first time, last time 앞에는 항상 the를 붙여 씁니다) 6 두어 달 a couple of months (a couple of 두어 개의) 7 환자 patient 8 바쁜 busy | 더 자주 more often

~을 만나다 · ~와 사귀다

사람을
만나는 것은
see
⋮

약속해서 누구를 **'만나다'**와 사람을 **'사귀다'**를 모두 see로 표현할 수 있습니다. 이는 한국어 표현 방식과도 매우 비슷한데요, '친구를 만난다'는 표현을 우리도 '친구를 본다'라고 하잖아요. 한 공간에서 자주 보게 되는 사이끼리 '이따가 보자'라고 할 때 See you later.라고 하듯 '(사람을) 보다, 만나다'를 뜻할 때 see를 쓰지요. 또, '요즘 만나는 사람 있어요'에서 '만나다'라는 말은 결국 '사귀다, 교제하다'라는 뜻인데, 역시 meet이 아닌 see를 씁니다. 이런 의미일 때는 인지나 지각이 아니라 행위를 나타내므로 see를 be -ing 형태로 쓸 수 있어요.

2 단계 **영어 표현**을 확인하고 입으로 연습해 봅시다

☐ 1 **See** you around.

☐ 2 Good **to see** you again.

☐ 3 **Are** you **seeing** anyone these days?

☐ 4 **I'm seeing** a friend of mine after work today.

☐ 5 When was the last time you **saw** the kid?

☐ 6 We **haven't seen** them for a couple of months.

☐ 7 Dr. Smith **is seeing** a patient at the moment.

☐ 8 We **could have seen** each other more often if I hadn't been so busy.

• • •
이렇게
문장을
만들자

2 '만나서 반갑다'라고 할 때 Nice to meet you.는 처음 만나는 사람에게, Good to see you.는 이미 알고 있는 사람에게 씁니다. 4 가까운 미래, 개인의 확정된 일정은 be -ing로 표현할 수 있습니다. 7 의사가 환자를 진찰한다는 의미의 see는 동작이므로 be -ing 형태로 쓸 수 있어요. 8 과거에 대한 가정이므로 if절은 had p.p. 형태로 쓰세요.

look

1 look + 형용사

MP3 22-03

너 정말 완벽해 보여.

You look just perfect.

Hey, look at me.
How do I look?

야, 나 좀 봐.
나 어때 보여?

look을 활용해 다음 문장을 영어로 말해 봅시다

			TIP
Lv.1	1	넌 항상 행복해 보여.	현재시제
	2	이거 맛있어 보여요.	현재시제
Lv.2	3	이게 그것보다 더 나아 보이나요?	현재시제
	4	그거 나한테는 좋아 보여요.	현재시제
	5	네가 입고 있는 건 비싸 보여.	What
	6	그 모자 너에게 정말 잘 어울려[좋아 보여].	현재시제
Lv.3	7	네가 그를 봤을 때, 그는 건강이 좋아 보였나요?	과거시제
	8	당신은 그 어느 때보다도 더 좋아 보여요.	be -ing

이런 **단어로** 말하자

1 행복한 happy 2 맛있는 tasty, delicious 3 더 나은 better (good의 비교급 표현) 5 ~을 입다 wear | 비싼 expensive 6 모자 hat | 정말 really 7 건강한, 건강이 좋은 well (몸 컨디션이나 건강 상태가 '좋은'을 well로 표현할 수 있어요) 8 그 어느 때보다 than ever | 더 좋은 better

~하게 보이다

주어의 상태를
표현하는
look

see는 주어가 '보는 행위자'인 반면 look은 주어가 '보이는 대상'입니다. 즉, 주어가 **'어떠한 상태로 보이다'**라는 의미로, 주어의 동작이 아닌 상태에 초점을 맞춘 동사입니다. '~하게 보이다'라는 뜻으로 상태에 대한 표현이므로 형용사와 어울리죠. 상대에게 인사말처럼 자주 하는 '오늘 좋아 보이네요'라든가 무엇에 대한 외적인 평가를 표현할 때는 look 뒤에 적절한 형용사만 쓰면 쉽게 다양한 표현을 만들어낼 수 있습니다. 반면, look이 see처럼 '~을 보다'라는 의미일 때는 반드시 전치사와 함께 쓰며 보는 대상, 즉 명사가 뒤에 붙지요.

2 단계 영어 표현을 확인하고 입으로 연습해 봅시다

- ☐ 1 You always **look** happy.
- ☐ 2 This **looks** delicious.
- ☐ 3 Does this **look** better than that?
- ☐ 4 It **looks** nice to me.
- ☐ 5 What you're wearing **looks** expensive.
- ☐ 6 The hat **looks** really good on you.
- ☐ 7 When you saw him, did he **look** well?
- ☐ 8 You**'re looking** better than ever.

이렇게 **문장을** 만들자

1 빈도를 나타내는 부사 always(항상)는 동사 앞에 위치합니다. 4 '내 눈에는 좋아 보인다'라는 의미이므로 to me라고 합니다. nice 대신 good이나 okay를 써도 좋습니다. 5 '네가 입고 있는 그것(그 무언가)'는 관계대명사 what으로 표현하세요. 6 옷이나 장신구처럼 몸에 걸치는 것이 '사람에게' 잘 어울린다고 할 때는 전치사 on을 사용합니다.

look 2 look + 전치사

MP3 22-04

뭘 보고 있니?

What are you looking at?

I'm looking at the little bug.

작은 벌레를 보고 있어.

1 단계 look을 활용해 다음 문장을 영어로 말해 봅시다

			TIP
Lv.1	1	와서 이것 좀 봐.	명령문
	2	당신은 사전에서 그걸 찾아봐도 됩니다.	can
Lv.2	3	당신이 그 아이를 직접 돌보고 있나요?	be -ing
	4	나는 내가 찾고 있던 것을 찾았어요.	과거시제
	5	그는 그 계약서를 자세히 들여다보고 있습니다.	be -ing
	6	너는 왜 나를 그렇게 쳐다보고 있니?	be -ing
Lv.3	7	로비에 너를 찾고 있는 어떤 사람이 있어.	There
	8	그는 회사에서 존경받아요.	be p.p.

이런 **단어로** 말하자

1 ~을 보다 look at 2 사전 dictionary | (사전에서) ~을 찾아보다 look up 3 ~을 돌보다 look after 4 ~을 찾다 look for | ~을 찾다, 발견하다 find 5 ~을 자세히 들여다보다 look into | 계약서 contract 7 (건물의) 로비 lobby 8 회사에서 at work | ~을 존경하다 look up to

~을 보다

전치사와 함께 쓰는 **look**

주어가 어떤 상태로 '보이다'를 의미하는 look이 전치사를 만나면 **'~을 보다'**라는 뜻이 됩니다. 이때 당연히 보는 어떤 대상이 있겠죠. 그 대상은 의미에 따라 각기 다른 전치사 뒤에 놓입니다. 그래서 〈look + 전치사 + 명사(대상)'〉 어순으로 쓰죠. 각 전치사별 의미를 정리하자면 look for는 '~을 찾다/찾아보다', look at은 '~을 보다/쳐다보다'(비슷한 뜻의 동사 watch보다 바라보는 시간적 길이가 짧아요), look into는 '자세히 들여다보다'(꼼꼼하게 살펴본다는 느낌을 줍니다), look after는 '~을 돌보다', 그리고 look up은 '~을 올려다 보다', '(사전에서) ~을 찾아보다'란 뜻입니다.

2 단계 **영어 표현**을 확인하고 입으로 연습해 봅시다

- ☐ 1 Come and **look at** this.
- ☐ 2 You **can look** it **up** in the dictionary.
- ☐ 3 **Are** you **looking after** the child yourself?
- ☐ 4 I found what I **was looking for**.
- ☐ 5 He **is looking into** the contract.
- ☐ 6 Why **are** you **looking at** me like that?
- ☐ 7 There's somebody **looking for** you in the lobby.
- ☐ 8 He **is looked up** to at work.

이렇게 **문장을** 만들자

4 '~을 찾다'라고 할 때 찾아낸 결과에는 find, 찾는 과정에는 look for를 씁니다. 6 '그렇게' 혹은 '그런 식으로'는 like that. 7 누군가가 '찾고 있는 중'이므로 somebody 뒤에 look의 -ing 형태를 씁니다. 8 주어인 he가 '존경하는' 주체가 아닌 '존경받는' 대상이므로 수동태 be looked up to로 표현합니다.

hear listen sound

저자 강의 23

hear – heard – heard
listen – listened – listened
sound – sounded – sounded

소리가 들리다 / 소리를 듣다 / 어떠하게 들리다

소리와 관련된 동사 hear, listen, sound는 비슷한 의미를 가진 것처럼 보이지만, 구체적으로 살펴보면 모두 의미가 다릅니다. 쉽게 정리하면, 어떤 소리가 들리기도(hear) 하고, 내가 의지를 갖고 소리를 듣기도(listen) 하고, 상대의 표현이나 어떤 문구가 어떠하게 들리기(sound)도 하죠.
이런 의미에 따른 구분은 물론, 이 세 동사를 성질에 따라 구분하는 것도 중요합니다. 어떤 동사는 진행시제로 쓸 수 있지만, 어떤 동사는 이렇게 쓸 수 없거든요. 각 동사의 특징이 잘 드러나는 예문을 실었으니 꼼꼼히 살피면서 동사에 따라 성질이 어떻게 다른지 익혀 보세요. 여기에 소개한 세 동사의 구분 기준을 이해하게 되면 다른 동사들의 분류 기준도 자연히 이해할 수 있게 될 겁니다.

hear의 핵심 의미

□ (소리가) **들리다** · (소식 · 소문을) **듣다**

네가 곧 돌아온다고 방금 전에 들었어.
I just **heard** that you're coming back soon.

listen의 핵심 의미

□ (의식적으로) **듣다**

뭘 듣고 있어?
What are you **listening** to?

sound의 핵심 의미

□ **~하게 들리다 · ~인 것 같다**

당신의 제안은 합리적으로 들리는군요.
Your proposition **sounds** reasonable.

hear

MP3 23-01

정말이니? 네가 곧 돌아온다고 방금 전에 들었어.

Is it true? I just heard that you're coming back soon.

Yes, I should have told you earlier.

응, 너한테 좀 더 일찍 얘기했어야 했는데.

1 단계 hear를 활용해 다음 문장을 영어로 말해 봅시다

			TIP
Lv.1	1	좀 이상한 소리가 들렸어요.	과거시제
	2	내 소리 들리세요?	현재시제
Lv.2	3	네 소리 안 들려. 더 크게 말해 줄래?	can
	4	네가 여기서 소리 지르는 거 모든 사람이 들었어.	과거시제
	5	너 아기 울고 있는 소리 들리니?	현재시제
	6	Jennifer로부터 소식 들어서 행복했어.	to 동사
Lv.3	7	George Washington에 대해 들어 보셨어요?	have p.p.
	8	네가 올해 돈 많이 벌고 있다고 듣고 있어.	현재시제

이런 **단어로** 말하자

1 이상한 strange | 소리 sound (동사로는 '~하게 들리다') 3 (소리가) 크게 loud (비교급은 louder) | 말하다 speak 4 소리를 지르다 scream 5 아기 baby | 울다 cry 6 ~으로부터 소식을 듣다 hear from 7 ~에 대해 듣다[알다] hear of 8 돈을 벌다 make money | 많은 a lot of

(소리가) 들리다 • (소식·소문을) 듣다

저절로 소리가 들리는 건 **hear**

어떤 소리가 나면 굳이 애쓰지 않아도 저절로 소리가 들리죠? hear는 이처럼 주어가 의지를 가지고 듣는 행동을 취하는 것이 아니라 **'(저절로 소리가) 들리다'**라는 뜻입니다. 주어가 의지를 가지고 행하는 것이 아니므로 hear는 be -ing 형태로 쓰지 않아요. 이때 hear 뒤에는 전치사 없이 목적어가 바로 옵니다. hear가 전치사를 만나면 또 다른 의미를 만들어요. '너 가수 Ava Max 아니?'를 영어로 하면 Do you know ~?가 아닌 Have you heard of ~?로 시작합니다. 들어봐서 그 사람의 존재에 대해 알고 있느냐는 의미인 거죠. 또한 '누구로부터 소식을 듣다'는 〈hear from + 사람〉, 어떤 내용이 있는 소식을 들었다고 할 때는 〈hear that + 주어 + 동사〉 구조로 표현합니다.

2 단계 **영어 표현**을 확인하고 입으로 연습해 봅시다

- ☐ 1 I **heard** some strange sound.
- ☐ 2 Do you **hear** me?
- ☐ 3 I **can't hear** you. Can you speak louder?
- ☐ 4 Everybody **heard** you screaming here.
- ☐ 5 Do you **hear** a baby crying?
- ☐ 6 I was happy **to hear from** Jennifer.
- ☐ 7 **Have** you **heard of** George Washington?
- ☐ 8 I **hear that** you're making a lot of money this year.

이렇게 **문장을** 만들자

1 '내가 이상한 소리를 들었다'로 생각해서 문장을 만들면 됩니다. 4 '누가 ~하는 것을 듣다'는 〈hear + 사람 + 동사원형/-ing〉로 표현하는데, 여기서는 상대방이 소리지르는 중에 들은 것이므로 현재분사 screaming을 씁니다. 5 아기가 '울고 있는' 중이므로 crying을 씁니다. 6 '~하게 돼서 …하다'는 〈be동사 + 형용사 + to + 동사〉 구조로 표현합니다. 8 that 이하의 소식을 '늘 듣고 있다'란 뜻이므로 현재시제를 쓰세요.

listen

MP3 23-02

뭘 듣고 있어?

What are you listening to?

Coldplay's brand-new song.

콜드 플레이의 신곡이야.

1 단계 **listen**을 활용해 다음 문장을 영어로 말해 봅시다

			TIP
Lv.1	1	이봐, 내 말 좀 들어 봐.	명령문
	2	내 말 듣고 있는 거야?	be -ing
Lv.2	3	난 유튜브로 음악을 들어요.	현재시제
	4	전 라디오는 잘 안 들어요.	현재시제
	5	모두 내가 하는 말을 듣고 있었어요.	be -ing
	6	음악 듣는 것은 나를 행복하게 합니다.	동명사(-ing)
Lv.3	7	너 혹시 이 노래 들어본 적 있니?	have p.p.
	8	우리는 그가 하고 있는 말을 주의 깊게 듣고 있었어요.	be -ing

이런 **단어로** 말하자

3 음악 music 4 라디오를 듣다 listen to the radio | 좀처럼 ~하지 않는 rarely (단어 안에 이미 not의 의미가 들어 있으므로 동사 앞에 쓰면 '잘 안 ~해요'라는 의미를 나타냅니다) 5 말하다 say 7 노래 song 8 주의 깊게 듣다 listen for (누군가의 말을 집중해서 주의 깊게 듣는 것을 뜻하는 구동사예요)

(의식적으로) 듣다

의지를 갖고 듣는 것은 **listen**

새가 지저귀는 소리는 가만히 있어도 들리는(hear) 반면, 음악은 어떤 식으로든 의지를 가져야 들을(listen) 수 있죠. 이처럼 **주어의 의지**에 의해 듣는 행위에는 listen을 씁니다. 음악이나 말처럼 듣고자 하는 명확한 대상이 있으므로 listen 뒤에 전치사 to를 연결해 listen to(~을 듣다)의 형태로 쓰죠. 예를 들어 '음악을 듣다'는 listen to music, '라디오를 듣다'는 listen to the radio라고 해요. 친구에게 '이 곡 듣자'라고 권할 때도 hear가 아니라 listen을 써서 Let's listen to this song. 이라고 말하죠.

2 단계 **영어 표현**을 확인하고 입으로 연습해 봅시다

- ☐ 1 Hey, **listen** to me.
- ☐ 2 **Are** you **listening** to me?
- ☐ 3 I **listen** to music on YouTube.
- ☐ 4 I **rarely listen** to the radio.
- ☐ 5 Everyone **was listening** to what I was saying.
- ☐ 6 **Listening** to music makes me (feel) happy.
- ☐ 7 **Have** you ever **listened** to this song?
- ☐ 8 We **were listening for** what he was saying.

이렇게 **문장을** 만들자

3 TV, 라디오, 유튜브 등 방송 수단을 표현할 때는 전치사 on을 씁니다. 5 내가 말하고 있는 '무언가' 혹은 그 '무엇'을 의미하므로 관계대명사 what을 씁니다. 6 동사는 수의 개념이 없으므로 동사가 변한 동명사 Listening 역시 단수로 봅니다. 그래서 3인칭 단수 주어에 맞춰 동사 형태를 makes라고 써야 하죠.

sound

MP3 23-03

마음에 들어요. 당신의 제안은 합리적으로 들리는군요.

I like it. Your proposition sounds reasonable.

Do you like our proposition?

우리 제안이 마음에 드십니까?

 **sound**를 활용해 다음 문장을 영어로 말해 봅시다

			TIP
Lv.1	1	그거 좋은데요.	현재시제
	2	당신의 직업은 힘들지만 재밌게 들려요.	현재시제
Lv.2	3	그 두 글자는 F처럼 소리가 나요.	현재시제
	4	(들어 보니) 그 게임 정말 재밌는 것 같아요.	현재시제
	5	이 프로그램이 복잡한 것 같이 들리나요?	현재시제
	6	그 이론은 내게는 꽤 복잡하게 들렸어요.	과거시제
Lv.3	7	이게 무엇처럼 들리나요?	현재시제
	8	우리가 서로 이야기했을 때, 그는 무척 신난 것 같이 들렸어.	과거시제

이런 **단어로** 말하자

2 힘든 tough | 재미있는 interesting 3 글자 letter 4 재밌는 것 a blast (원래 blast는 '돌풍'이라는 뜻인데, 앞에 a를 붙여서 '재미있는 일, 신나는 경험'이란 뜻이 됩니다) 5 복잡한 complex (구성에 있어 촘촘하고 복잡하다는 의미) 6 이론 theory | 어려운, 복잡한 complicated (복잡하면서도 좀 어렵다는 의미) 8 서로 each other | 이야기하다 talk (서로 이야기를 주고 받는 '소통'을 나타내는 동사입니다)

~하게 들리다 · ~인 것 같다

누군가가 하는 말을 듣고 거기에 대한 **느낌과 의견**을 표현할 때는 '~하게 들리다'라는 뜻의 〈sound + 형용사〉 혹은 '~처럼 들리다'라는 뜻의 〈sound like + 명사〉를 사용할 수 있습니다. sound는 일상적인 대화에서 상대방의 말에 대한 반응으로 가장 많이 사용하는 어휘 중 하나인데요, '~하게 들리네'보다는 '~하네'라고 해석되는 경우가 많다 보니 영작할 때 sound를 빼먹기 쉽습니다. 가령, 상대의 제안이 마음에 들 때 '좋아요'란 대답은 '(네 제안이) 좋게 들린다'란 뜻이므로 sound를 써서 That **sounds** good.이라고 표현하세요.

영어 표현을 확인하고 입으로 연습해 봅시다

□ 1 It **sounds** good.

□ 2 Your job **sounds** tough but interesting.

□ 3 Those two letters **sound** like F.

□ 4 The game **sounds** like a blast.

□ 5 Does this program **sound** complex?

□ 6 The theory **sounded** complicated to me.

□ 7 What does this **sound** like?

□ 8 When we talked to each other, he **sounded** very excited.

이렇게 **문장을** 만들자

1 형용사 good 대신 great, wonderful을 써서 표현해도 됩니다. 2 앞 내용과 상반되는 내용을 나타낼 때는 but(하지만)으로 연결하세요. 3 복수 명사 letters에 맞춰 대명사는 that의 복수형 those를 사용하세요. 7 소리가 무엇처럼 들리냐는 질문이므로 문장 끝에 '~처럼'을 의미하는 전치사 like를 꼭 쓰세요. 8 talk 뒤에 이야기하는 대상인 서로(each other)가 있으므로 전치사 to를 사용합니다.

smell taste

저자 강의 24

smell – smelled/smelt – smelled/smelt
taste – tasted – tasted

냄새가 나다 / 맛이 나다

감각을 표현하는 동사들의 의미 차이를 가장 잘 이해할 수 있게 해주는 동사가 바로 smell과 taste입니다. 냄새가 나고 맛이 나는 상태와, 냄새를 맡고 맛을 보는 동작을 모두 의미하거든요.

주어의 상태를 의미하는가, 동작(행위)을 의미하는가에 따라 동사 구조를 진행시제 be -ing 형태로 사용할 수 있는지 아닌지가 정해집니다. 주어의 상태를 의미할 때는 동작의 개념이 아니므로 진행시제로 못 쓰는 반면, '맛을 본다', '냄새를 맡는다' 같이 행위를 표현할 때는 is/am/are smelling[tasting] 같은 형태가 가능하지요.

냄새와 맛과 관련된 표현은 일상 회화에서 자주 쓰기 때문에 활용도를 놓고 보자면 be동사 못지않습니다. 식사 자리에 초대 받아 맛있는 음식을 먹고 It tastes great!처럼 내 느낌을 쉽게 전달할 수도 있죠. 영어가 여러분의 일상에 자리잡을 수 있도록 정확한 쓰임을 익혀 봅시다.

smell의 핵심 의미

- □ **냄새가 나다 · ~의 냄새를 맡다**

  이거 냄새 맡을 수 있어요?
  Can you **smell** this?

taste의 핵심 의미

- □ **~의 맛이 나다 · ~을 맛보다**

  네가 만든 것은 항상 맛이 훌륭해.
  What you make always **tastes** great.

smell

이거 냄새 맡을 수 있어요?

Can you smell this?

Sure! It smells like caramel.

네! 그거 캐러멜 같은 냄새가 나네요.

1단계 **smell**을 활용해 다음 문장을 영어로 말해 봅시다

			TIP
Lv.1	1	이 꽃은 향기가 좋아요.	현재시제
	2	그거 꿀 같은 냄새가 납니까?	현재시제
Lv.2	3	내 코가 막혀서 어떤 냄새도 못 맡아요.	can't
	4	그 강아지에게서 비누 향기가 나요.	현재시제
	5	그녀는 항상 좋은 냄새가 납니다.	현재시제
	6	그것은 무엇과 같은 냄새가 나니?	현재시제
Lv.3	7	그는 숲 향이 나는 향수를 좋아해요.	that절
	8	너 그거 냄새 맡아 봤어? 그거 냄새가 괜찮았니?	과거시제

이런 **단어로** 말하자

1 꽃 flower 2 꿀 honey 3 (코가) 막힌 stuffy 4 비누 soap (셀 수 없는 명사이므로 관사 a 없이 씁니다) 7 숲 wood | 남자 향수 cologne (남자 향수는 perfume이 아니라 cologne이라고 합니다) 8 ~해 보다 try to | 괜찮은 okay (상하거나 하지 않아서 괜찮냐는 의미로 씁니다)

냄새가 나다 · ~의 냄새를 맡다

향과 냄새를
표현하는
smell

'나한테 좋은 냄새 나니?'를 영어로는 어떻게 말할까요? 일반적으로 많이 쓰는 문장이지만 smell이란 동사를 모른다면 표현하기가 쉽지 않을 거예요. 무엇인가가 어떠한 **향 혹은 냄새가 날 때**는 동사 smell을 써서 표현합니다. '~한 냄새가 나다'는 〈smell + 형용사〉, '~와 같은 냄새가 나다'는 〈smell like + 명사〉로 표현하죠. **'냄새를 맡다'**라는 동작 역시 smell로 표현할 수 있습니다.

2 단계 **영어 표현**을 확인하고 입으로 연습해 봅시다

☐ 1 This flower **smells** beautiful.

☐ 2 Does it **smell** like honey?

☐ 3 As my nose is stuffy, I **can't smell** anything.

☐ 4 The puppy **smells** like soap.

☐ 5 She always **smells** nice.

☐ 6 What does it **smell** like?

☐ 7 He likes cologne that **smells** like wood.

☐ 8 Did you **try to smell** it? Did it **smell** okay?

이렇게
문장을
만들자

1 beautiful 대신 nice, good, lovely 등 다양한 단어로 표현할 수 있습니다. 3 부정문에서 '어떤 것이나', '아무 것도'를 뜻할 때 anything을 사용하세요. 5 nice 대신 1번에서 제시한 다양한 형용사를 써서 표현할 수 있습니다. 6 지금 어떤 냄새가 나고 있다고 해도 상태를 의미하므로 현재진행시제가 아닌 현재시제로 쓰세요. 7 '~향이 나는 향수'이므로 cologne 뒤에 관계사 that을 써서 연결하세요.

taste

MP3 24-02

네가 만든 것은 항상 맛이 훌륭해.

What you make always tastes great.

이게 바로 꿀맛!
Thank you for saying that.

그렇게 말해줘서 고마워.

taste를 활용해 다음 문장을 영어로 말해 봅시다

			TIP
Lv.1	1	이 케이크는 너무 달아.	현재시제
	2	그건 땅콩 같은 맛이 나요.	현재시제
Lv.2	3	내가 요리한 것을 맛봐 주시겠어요?	Could you
	4	그것은 맛이 어땠습니까?	과거시제
	5	그것은 전혀 매운 맛이 나지 않았어요. 딱 맛있었어요.	과거시제
	6	내가 그걸 맛봤을 때 좀 써서 설탕을 좀 넣었어요.	When
Lv.3	7	난 지금까지 20가지가 넘는 다른 종류의 커피 맛을 봤다.	have p.p.
	8	넌 그 음식을 내기 전에, 먼저 맛을 봤어야 했어.	should have p.p.

이런 **단어로** 말하자

1 단, 달콤한 sweet 2 땅콩 peanut 3 요리하다 cook 5 전혀 at all | 매운 spicy 6 (맛이) 쓴 bitter | 설탕 sugar | ~을 넣다, ~을 첨가하다 add 7 지금까지 so far | ~가 넘는 over | 다른 different 8 음식, 요리 dish | (음식을) 내다 serve

~의 맛이 나다 · ~을 맛보다

맛에 대한
감각을 표현하는
taste

음식을 맛본 후, "짜?", "응, 짜."라고 대화하는 상황을 상상해 보세요. 영어도 일상적인 대화에서는 짜냐고 물을 때는 간단히 형용사 Salty?의 끝을 올려주고, 대답할 때는 끝을 내려주기만 하면 돼요. 하지만 완전한 문장의 형태를 갖추어 말할 때는 **'~한 맛이 나다'**라는 의미의 동사 taste를 씁니다. 앞서 배운 smell과 마찬가지로 taste 뒤에 맛을 나타내는 형용사를 넣어 주거나 '~같은 맛이 나다'라고 할 때는 〈taste like + 명사〉 형태로 표현할 수 있어요. taste는 **'~을 맛보다'**라는 뜻도 있는데, 단순히 맛보는 행위를 표현한다는 점에서 '먹어 보다'를 의미하는 try와는 다릅니다.

영어 표현을 확인하고 입으로 연습해 봅시다

□ 1 The cake **tastes** too sweet.

□ 2 It **tastes** like peanuts.

□ 3 **Could you taste** what I cooked?

□ 4 What did it **taste** like?

□ 5 It **didn't taste** spicy at all. It was just delicious.

□ 6 When I **tasted** it, it was a bit bitter, so I added some sugar.

□ 7 I **have tasted** over 20 different kinds of coffees so far.

□ 8 Before you served the dish, you **should have tasted** it first.

이렇게 **문장을** 만들자

3 내가 요리한 그 무언가를 굳이 표현하지 않아도 되는 경우 what으로 표현하세요. 7 마시는 커피는 액체이므로 셀 수 없지만, 커피 종류를 말할 때는 '20가지'처럼 셀 수 있으므로 coffees라고 복수로 쓸 수 있어요. 8 한국어 해석에는 나타나지 않지만 '무엇을 맛보다'란 의미일 때는 반드시 taste 뒤에 대명사 it을 씁니다.

마무리 퀴즈 맞는 동사를 잡아라!

다음 빈칸에 들어갈 알맞은 동사를 골라 보세요.

01 네가 입고 있는 건 비싸 보여.

What you're wearing _________ expensive.

☐ sounds ☐ looks ☐ sees

02 그 강아지에게서 비누 향기가 나요.

The puppy _________ like soap.

☐ tastes ☐ listens ☐ smells

03 나 잠시 너랑 이야기해도 될까?

Can I _________ to you for a minute?

☐ talk ☐ speak ☐ tell

04 너 혹시 이 노래 들어 본 적 있니?

Have you ever _________ to this song?

☐ heard ☐ sounded ☐ listened

05 내가 너한테 무슨 말을 했는지 기억이 안 나.

I don't remember what I _________ to you.

☐ told ☐ said ☐ spoke

06 이 프로그램이 복잡한 것 같이 들리나요?

Does this program _________ complex?

☐ sound ☐ listen ☐ hear

07 저는 이탈리아어와 스페인어 둘 다 합니다.

I _________ both Italian and Spanish.

☐ talk ☐ speak ☐ tell

08 그는 안경을 안 쓰면 어떤 것도 볼 수 없어요.

He can't _________ anything without wearing glasses.

□ see □ look □ hear

09 너 아기 울고 있는 소리 들리니?

Do you _________ a baby crying?

□ hear □ sound □ listen

10 내가 요리한 것을 맛봐 주시겠어요?

Could you _________ what I cooked?

□ smell □ taste □ hear

11 너는 내가 거짓말했다고 생각해?

Do you think I _________ a lie?

□ spoke □ talked □ told

12 나는 내가 찾고 있던 것을 찾았어요.

I found what I was _________ for.

□ seeing □ listening □ looking

13 그들은 7시 전에 여기 도착할 거라고 말했어요.

They _________ they would get here before 7.

□ told □ spoke □ said

14 우리는 그들을 두어 달째 못 봤어요.

We haven't _________ them for a couple of months.

□ looked □ talked □ seen

Answers

01 looks	02 smells	03 talk	04 listened	05 said	06 sound	07 speak
08 see	09 hear	10 taste	11 told	12 looking	13 said	14 seen

SPECIAL GROUP

보다 영어다운 영어를 만든다!

영어에 힘을 실어 주는 최강 전치사 6

in
at
on
by
with
for

in

저자 강의 25

명확한 경계

in의 핵심 개념은 '뚜렷한 구분'과 '명확한 경계'입니다. 지금까지 in을 '~안에'라는 작은 의미 틀 안에 가뒀다면 이제는 핵심 개념을 새롭게 알아두세요.
상황을 하나 상상해 볼까요? 옆에 있는 사람이 무슨 말을 하고 있는데, 발음이 스페인어 같을 때 Are you speaking in Spanish?(지금 스페인어로 말하고 있나요?)라고 전치사 in을 써서 물어볼 수 있습니다. in을 써서 여러 언어 중 스페인어라는 구분을 짓는 거죠. 마찬가지로 He works in a bank.(그 사람은 은행에서 일해요.)는 여러 영역 중 은행이라는 명확한 테두리 안에서 일하고 있는 것이므로 in을 씁니다.
이제 명확한 경계를 나타내는 전치사 in에 대해 더 자세히 알아볼까요?

- □ ~으로/에
- □ (영역 · 분야)에/에서
- □ (넓은 공간)에/에서/에는
- □ (좁은 공간)에/안에
- □ (시기)에/에는/안에는
- □ (상황)에서/에서는
- □ (조직)에
- □ (지면)에/에서
- □ (방법)으로
- □ (시간)후에/안에/만에

MP3 25-01

in[1] ~으로/에

in의 핵심 개념이 '뚜렷한 구분, 명확한 경계'라고 했죠? 공간뿐만 아니라 사물이나 제품 등도 색이나 크기, 종류, 형태 등으로 명확하게 구분 지을 수 있으므로 in을 사용합니다. 따라서 '검정색**으로** 있나요? / 중간 사이즈**로** 찾고 있어요. / 사각**으로** 된 것 있나요?' 등 쇼핑할 때 찾는 상품의 크기, 색깔, 형태 등을 표현할 때도 전치사 in을 씁니다. 심지어 상품이 진열되어 있는 구역(section)을 나타낼 때도 in을 쓸 수 있죠.

1 이 신발 7사이즈로 있나요?
Do you have these shoes **in** a size 7?

2 이 셔츠 흰색으로 있나요?
Do you have this shirt **in** white?

3 우유는 이 구역에 있습니다.
The milk is **in** this section.

in[2] (영역 · 분야)에/에서

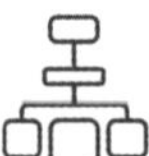

업무와 관련해서 '금융권**에서** 일했어요. / 그 영역**에서** 성과가 나타나고 있습니다. / 어떤 분야**에서** 일해 보고 싶나요?'처럼 분야와 영역에 대해 말할 경우가 있습니다. 이때도 명확한 경계를 나타내는 in을 씁니다. at보다는 in이 더 넓은 영역을 나타내죠. 예를 들어 He works in a bank.의 경우 '은행권에서'라는 넓은 범위를 나타내는 반면, He works at CT bank.의 경우는 큰 은행권에서 CT 은행이라는 작은 범위 하나를 콕 집어 나타냅니다.

1 당신은 그 분야에서 최고가 될 거예요.
You are going to be the top person **in** that field.

2 저는 한때 금융권에서 일했었어요.
I used to work **in** the field of finance.

3 그는 그 분야에서 최고로 여겨지고 있어요.
He is considered the best **in** that area.

(넓은 공간)에/에서/에는

in은 세상, 나라, 도시, 주, 동네 등 넓은 공간의 안을 의미하기도 합니다. 그래서 나라 이름과 도시 이름 앞에서 '~에/~에서/~에는'이라는 뜻으로 in을 쓰지요. 예를 들어 '시드니**에서** 공부했어요. / 그는 지금 런던**에** 있어요. / 파리**에는** 아름다운 정원이 많아요. / 이 도시**에는** 가 볼 곳이 많아요.'처럼 공간으로서의 도시 안을 의미할 때 in을 씁니다. in Sydney[London/Paris], in the city처럼 쓰죠.

1 당신은 어느 도시에서 살고 싶나요?
Which city do you want to live **in**?

2 서울에 계신지 얼마나 오래되셨나요?
How long have you been **in** Seoul?

3 교통 체증은 도시 지역에서 문제입니다.
Heavy traffic is a problem **in** urban areas.

in 4 (좁은 공간)에/안에

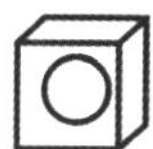

영어 문장에는 있는데 한국어로는 표현 안 되는 어휘도 꽤 많습니다. 특히 어떤 공간 안을 나타내는 '~에'는 한국어로 옮겼을 때는 직접 드러나지 않는 경우가 많아요. 예를 들면 '여기가 내가 사는 집이야'는 '나는 이 집**에** 산다'는 의미이고, '여기가 내가 일하는 사무실이야'는 '나는 이 사무실**에서** 일한다'는 의미죠. 그러다 보니 영어로 옮길 때 This is the house I live / This is the office I work.라고 잘못 옮기기 쉬운데, 문장 끝에 전치사 in이 꼭 필요하니 주의하세요.

1 이 책들을 (안에) 넣을 상자 하나 주시겠어요?
Can I have a box to put these books **in**?

2 제 소지품 모두 다 이 가방 안에 있어요.
All my belongings are **in** this bag.

3 너 아직 사무실 안에 있니?
Are you still **in** your office?

in[5] (시기)에/에는/안에는

in에서 제일 쓰임이 많은 뜻은 바로 시간과 관련된 것입니다. **계절, 연도, 달, 어느 특정 기간, 특정 시기, 때**를 표현할 때 in을 쓰죠. 시간의 단위를 묶어서 표현하는 경우는 모두 in으로 나타냅니다. 예를 들어 in the past/present/future(과거/현재/미래에는) 같은 시기, in the spring/summer/autumn/winter(봄/여름/가을/겨울에는) 같은 계절, in 2000(2000년에는), in 1990s(1990년대에는) 같은 연도, in the morning/afternoon/evening(오전/오후/저녁에는) 같은 하루의 때를 in으로 표현할 수 있죠.

1 가까운 미래에는 평범한 사람들이 우주로 여행할 수 있을 거예요.
In the near future, regular people will be able to travel into space.

2 이 노래들은 1990년대에 매우 인기가 많았습니다.
These songs were very popular **in** the 1990s.

3 저는 12월에 뉴욕에 가게 되었습니다.
I get to go to New York **in** December.

in[6] (상황)에서/에서는

상황, 정황, 경우를 나타낼 때도 in을 씁니다. '이 상황**에서** / 그 입장**에서라면** / 그런 상황**에서는** / 내 입장**에서는**' 같은 표현들은 특정 상황에 대한 명확한 구분을 짓습니다. 따라서 '~에서'를 표현할 때는 '명확함'을 상징하는 in이 제격이지요. in this situation(이 상황에서는), in a certain case(어떤 경우에는), in my position(내 입장에서는) 등 일상 회화에서 쓰임이 빈번한 표현이니 통째로 외워 두세요.

1 내가 만약 네 입장에 있다면, 나는 급여를 올려 달라고 요구할 거 같아.
If I were **in** your position, I would ask for a raise.

2 이 상황에서는 제가 무엇을 하는 것이 좋을까요?
What should I do **in** this situation?

3 응급 시에는 건물을 최대한 빨리 비우세요.
In case of an emergency, evacuate the building as soon as possible.

in 7 (조직)에

'~에/~에서'라는 뜻으로 **부서, 팀, 학과, 학년 등의 조직에 소속됨**을 나타낼 때 in을 씁니다. in의 핵심 개념이 '명확한 경계'라고 했는데, 회사라는 큰 조직은 팀 혹은 부서로 직원들 간의 경계를 나누고, 학교는 학년 혹은 반으로 학생들의 경계를 나누잖아요. 다시 말해, 큰 덩어리를 작게 나누기 위해 경계를 만들고, 그 안에 속함으로써 구성원들 혹은 조직 간의 경계가 생기는데, 이 경계를 in이 표현합니다.

1 당신은 어느 부서에 소속되어 있나요?
Which department are you **in**?

2 내 친구 중에 하나가 유명한 밴드에 속해 있어요.
A friend of mine is **in** a famous band.

3 너는 몇 학년이니? (너는 몇 학년에 소속되어 있니?)
What grade are you **in**?

in 8 (지면)에/에서

TV나 라디오와 같은 방송, 인터넷, 전화 같은 통신 수단처럼 '선'으로 연결되어 있는 대중매체 앞에는 on을 씁니다. 반면, 책, 신문, 잡지, 사진, 그림처럼 지면을 사용하는 대중매체 앞에는 in을 쓰죠. '잡지**에 실린** 사진 / 신문**에 난** 기사 / 이 책**에 있는** 문장 / 이 문장**에 있는** 어휘 / 신문**에서**' 같은 표현에서요. '지면' 역시 경계가 분명하게 나타나는 영역이니 in을 쓰는 거죠. 또한 이 지면에 실리는 문구, 문장, 문단, 글을 표현할 때도 in을 씁니다.

1 오늘 신문에 뭐 재미있는 것 보여요?
Do you see anything interesting **in** today's paper?

2 널 못 찾겠어. 너 이 사진에 있니?
I can't find you. Are you **in** this photo?

3 저는 이 문단에서 어떤 실수도 못 찾겠어요.
I can't spot any errors **in** this paragraph.

in[9] (방법)**으로**

'영어**로** 쓰세요. / 프랑스어**로** 말해요. / 대문자**로** 쓰세요. / 연필**로** 작성하세요'처럼 글을 표현하는 언어 및 글을 쓸 때 필요한 도구와 수단을 나타낼 때도 in을 씁니다. 여러 언어 중에 영어라는 명확한 구분, 여러 도구 중에서 연필이라는 명확한 구분을 나타낼 때 in을 쓰는 거죠. 이처럼 의사 소통을 위해 사용하는 언어의 영역, 글로 표현할 때의 표기 방식 등 소통의 도구를 표현할 때는 명확한 구분을 나타내는 in을 쓰세요.

1 대문자로 서류를 작성하세요.
Fill out the form **in** capital letters.

2 영어로만 이야기합시다.
Let's talk only **in** English.

3 저는 이 그림을 잉크로 칠했습니다.
I colored this picture **in** ink.

in[10] (시간)**후에/안에/만에**

in은 말하는 시점으로부터 정확하게 얼마 후를 표현합니다. 9시 50분에 제가 '10분 **후에** 수업 시작합니다'라고 하면 말하는 시점으로부터 정확하게 10분 후인 10시에 수업이 시작되죠. '2주 **만에** 운전 배웠습니다'도 배우기 시작하고 정확하게 2주 걸려서 배웠다는 의미이고, '1주일 **안에** 끝낼 수 있어요' 역시 말하는 시점으로부터 정확하게 1주일 후면 끝난다는 의미입니다. 이때 전치사 in을 쓰죠. 반면 after는 특정 시각을 기준으로 그 이후의 시간을 의미하는 전치사입니다. after 3 years라고 하면 '3년이 **지나서**'란 뜻으로, 3년 5개월인지 4년인지는 정확하게 알 수 없습니다.

1 나는 3주 후에 돌아옵니다.
I'm coming back **in** 3 weeks.

2 우리가 회의를 15분 후에 시작해도 될까요?
Can we start the meeting **in** 15 minutes?

3 그들은 1년 반 안에 이 나라로 돌아올 겁니다.
They will return to this country **in** one and a half years.

at

저자 강의 26

짧은 시간, 좁은 지점

상황이 오래 지속될까요, 아니면 공간이 오래 지속될까요? 무슨 말이냐고요? 자, 화창한 일요일 오전, 친구 결혼식에 참석한 여러분의 모습을 그려 보세요. 결혼식 전에 여기저기 둘러 보는데 엄마한테서 어디냐고 전화가 왔습니다. '나 지금 Debby 결혼식에 와있어'라고 한다면 I'm at Debby's wedding.이라고 하죠. 하지만 '나 결혼식장에 있어'라고 할 때는 I'm in the wedding hall.이라고 합니다.
여기서 '결혼식에'는 상황이고, '결혼식장에'는 공간입니다. wedding hall이라는 공간에서 wedding이라는 상황이 진행되죠. 행사가 마무리되면 결혼식은 끝나지만 결혼식장은 여전히 그곳에 있어요. 순간의 상황인 '~에/~에서'는 at, 지속되는 공간인 '~에/~에서'는 in을 씁니다. 이 차이가 정확하게 이해되면 처음 접하는 표현이라도 at인지 in인지 바로 알 수 있습니다.
at의 핵심 개념은 이처럼 '짧은 시간'과 '좁은 지점'입니다. 실제로 at이 어떻게 사용되는지 살펴봅시다.

- □ (상황)에/에서/~하는 중으로
- □ (공간)에/에는/에서
- □ (시간・시각)에
- □ (시기・시점・나이)에
- □ (수치)에/에서/로

MP3 25-02

at[1] (상황)에/에서/~하는 중으로

'~에, ~에서'란 뜻으로 어떤 상황을 표현할 때는 반드시 at을 씁니다. 예를 들어 '나 지금 회사/학교/병원이야' 같은 표현이 '일하고 있는 상황'을 뜻할 때 at을 쓰죠. '파티**에서**, 회의**에서**, 회사**에서**, 학교**에서**'라고 하면 '공간'을 의미하는 듯 하지만 '파티라는 상황, 회의하는 상황, 회사에서 일하는 상황'처럼 '어떤 행동을 하고 있는 상황'을 나타내지요. 시간이 가면 종료되는 상황을 at으로 표현합니다.

1 나 회사에 있어.
I am **at** work.

2 너 어제 제인 파티에 와 있었니?
Were you **at** Jane's party yesterday?

3 나는 그를 런던에서 있었던 세미나에서 알게 되었어요.
I got to know him **at** the seminar in London.

at[2] (공간)에/에는/에서

제가 호주로 유학 간지 얼마 되지 않았을 때, '신호등**에서** 기다리고 있었어'를 말하려는데 '~에서'에 해당하는 전치사가 뭔지 도저히 감이 안 와서 일단 in을 썼어요. 그랬더니 친구가 웃으면서 at이라고 고쳐 주더군요. 이처럼 좁은 지점을 표현하는 at은 기준이 될 만한 공간, 그 언저리 어딘가를 표현할 때 씁니다. 예를 들어 at the traffic light(신호등에서), at the bottom of the page(페이지 맨 아래에), at the entrance(출입구에), at the door(문에)처럼 쓰죠.

1 나 지금 신호등에서 기다리는 중이야.
I'm waiting **at** the traffic light.

2 이 길 끝에 약국이 하나 있어요.
There is a pharmacy **at** the end of this street.

3 우리 테이블에 앉아도 될까요?
Could we be seated **at** our table?

at[3] (시간·시각)에

'~에'라는 시간을 나타낼 때는 전치사 in과 at을 사용하는데요, 사용 기준은 바로 시간의 길이입니다. 시간이 긴 경우는 in, 짧은 경우는 at을 쓰죠. 예를 들어 '7시에'는 at 7이고 '7월에'는 in July입니다. '몇 시 몇 분에' 같은 정확한 시각 앞에도 at을 쓰죠. 또 '새벽**에**, 해 뜰 녘**에**, 해 질 녘**에**, 밤**에**'처럼 몇 시간을 한 덩어리로 묶어서 만든 표현도 at과 함께 써요.

1 그는 항상 새벽에 조깅하러 갑니다.
He always goes jogging **at** dawn.

2 우리는 해 뜰 녘에 해변에서 걷는 것을 즐깁니다.
We enjoy walking on the beach **at** sunrise.

3 너는 그 시각에 무엇을 하고 있었니?
What were you doing **at** that time?

at[4] (시기·시점·나이)에

약속 정할 때, 일정이나 계획에 대해 표현할 때 시기 혹은 시점에 대한 표현을 많이 쓰는데요, '7월에' 같이 그 시점 전체가 아니라 '7월 초**에**, 8월 말**에**'처럼 특정 시점의 일부만 콕 집어 표현할 때는 at을 씁니다. '하루가 끝날 때에' '내년 초순**에**/중순**에**/말**에**', '크리스마스**에**' 같은 표현도 마찬가지지요. 특히 어떤 기간의 시작과 끝 시점을 의미할 때는 at the end of the month(그 달 말에), at the beginning of the month(그 달 초에)처럼 항상 at을 써요.

1 저는 7월 말에 돌아오게 될 것 같습니다.
I am likely to come back **at** the end of July.

2 우리는 다음 달 초에 새 프로젝트를 시작할 겁니다.
We will work on the new project **at** the beginning of next month.

3 모차르트는 35세에 죽었습니다.
Mozart died **at** the age of 35.

at[5] (수치)에/에서/로

여러 가지 중 특정한 것 하나를 콕 집어서 표현할 때 at을 씁니다. '이 번호**로** 전화 주세요'는 다르게 표현하면 수없이 많은 전화번호 중에 특정한 번호를 콕 집어서 전화를 달라는 뜻이죠. 따라서 at을 써서 표현합니다. 마찬가지로 '100달러**에** / 15번지**에** / 섭씨 100도**에서** / 웹사이트**에서**' 같은 수치나 지점을 콕 집어 나타낼 때도 at을 써요. 반면 '가격이 얼마에서 얼마로 올랐어요'처럼 변동을 표현할 때는 숫자나 수치 앞에 to가 옵니다.

1 저에게 이 번호로 전화하시면 됩니다.
You can call me up **at** this number.

2 물은 섭씨 100도에서 끓어요.
Water boils **at** 100 degrees Celsius.

3 이 학교는 Queen Street 350번지에 있습니다.
This school is **at** 350 Queen Street.

저자 강의 27

접촉, 진행, 연결

기본 3대 전치사 in, on at 중에서 on은 요즘 일상에서 가장 자주 쓰게 되는 전치사예요. 왜냐고요? 최근에 YouTube가 세상을 점령하다 보니 '유튜브에서'라는 뜻의 on YouTube란 말을 자주 쓰게 되거든요.
on 하면 자동적으로 떠오르는 '~위에' 외에도, on은 다양한 의미를 가지고 있습니다. 위에 붙어 있는 접촉의 의미에 더해, 진행과 연결을 나타낼 때도 쓰죠. 위의 예처럼 '(매체)에서'라는 뜻으로 쓰기도 하고, '(주제)에 대해'란 뜻으로 쓰기도 합니다. 그래서 동사 discuss 하나만 쓸 때와 discuss on이라고 쓸 때는 의미가 완전히 다릅니다.
여기서는 on의 주요 의미를 중심으로, 실생활에서 많이 사용하는 예문을 익혀 봅시다.

- □ ~중/~하는 중
- □ (시간)에/에는
- □ (공간)에/위에
- □ (매체)에/에서/로
- □ (주제)에/에 대해

MP3 25-03

on[1] ~중/~하는 중

먼저 '~하는 중' 하면 떠오르는 첫 번째 표현은 be -ing일 겁니다. 하지만 '휴학 **중**, 휴가 **중**, 출장 **중**, 여행 **중**'은 동작이 아니라 '상태'가 진행 중인 '기간'을 나타내죠. 이럴 때 쓰는 장치가 바로 전치사 on입니다. on은 '언제부터 언제까지'라는 특정 기간을 나타내는데, 이 기간은 반드시 끝나는 시점이 있죠. 사물 간의 접촉 역시 닿고 떨어짐이 있듯 정해진 기간이 아직 끝나지 않은 그 상황을 on으로 표현해요.

1. 너 지금 휴학 중이니?
   Are you **on** a leave of absence from school?
2. 저는 지금 뉴욕에서 휴가 중입니다.
   I'm **on** a vacation in New York.
3. 저는 열흘 동안 출장 중입니다.
   I have been **on** a business trip for 10 days.

on[2] (시간)에/에는

요일 앞에는 on을 쓴다고 많이들 외우셨죠? 하.지.만. 어디까지나 '~에' 혹은 '~에는'이란 뜻일 경우에만 on을 씁니다. 요일 앞에는 전치사 from도, for도, to도 의미에 따라 얼마든지 올 수 있습니다. '하루 단위', 즉 요일이나 날짜 혹은 특정한 날 앞에서 '~에'라는 의미로 on을 쓰죠. 예를 들어 '금요일**에** / 네 생일**에** / 20일**에** / 부활절**에**'를 on Friday / on your birthday / on the 20th / on Easter day라고 표현합니다. 특정 요일의 어느 시점을 나타낼 때도 항상 on을 쓰는데, 예를 들면 '금요일 밤에'는 on Friday night이라고 하죠.

1. 저는 매주 일요일에 카페에서 영어를 공부합니다.
   I study English at a café **on** Sundays.
2. 그들은 20일에 런던에서 돌아옵니다.
   They are coming back from London **on** the 20th.
3. 우리 팀은 주중에 종종 야근합니다.
   Our team often works late **on** weekdays.

on[3] (공간)에/위에

휴대폰이 탁자 위에 놓여 있을 때, 두 사물의 표면은 서로 맞닿아 있죠. 이처럼 on은 **표면이 맞닿아 '~에', '~위에'**라는 의미를 나타냅니다. 그런데 '~위에, ~위쪽에'를 의미하는 전치사가 하나 더 있습니다. 바로 above죠. 벽 위에 달력이 하나 매달려 있고, 그 위쪽에 시계도 매달려 있는 모습을 상상해 보세요. 시계는 달력하고 접촉은 없고 위치상으로 달력 위쪽에(above) 있는 거죠. 시계와 달력은 벽에(on) 붙어 있는 거고요. 그래서 The clock is above the calendar.가 되고, The clock and the calendar are on the wall.이라고 표현할 수 있습니다.

1 탁자 위에 있는 그 휴대폰은 내 것입니다.
The phone **on** the table is mine.

2 벽에 붙어 있는 저 그림을 보세요.
Look at the picture **on** the wall.

3 가격표가 병에 붙어 있어요.
The price tag is **on** the bottle.

on[4] (매체)에/에서/로

on air(방송 중)라는 표현은 많이 익숙할 거예요. '유튜브**로**', 'TV**에서**', '인터넷**으로**'처럼 방송, 방영, 상영 중임을 나타낼 때는 전치사 on을 씁니다. on TV, on the radio, on the Internet, on CNN처럼요. 무선으로 작동하는 것도 있지만 기본적으로 통신 장비는 선의 연결에 의해 작동하잖아요. 때문에 선과 선의 이어짐을 의미하는 on을 쓴다고 생각하면 이해하기 쉽습니다. 이렇게 선으로 연결되는 매체는 결국 방법이자 통로가 되므로 '~에서, ~으로'라고 해석하죠. 그러다 보니 by나 from을 쓰는 걸로 오해하기 쉽지만 예외 없이 항상 on으로 씁니다.

1 저는 주로 드라마를 유튜브에서 봐요.
I usually watch TV dramas **on** YouTube.

2 그 드라마는 BBC에서 방영해요.
The drama is **on** BBC.

3 그는 항상 인터넷으로 신문 기사를 봅니다.
He reads news articles **on** the Internet.

on[5] (주제)에/에 대해

'~에 대해, ~에 관하여'를 about으로 표현하는 분들이 많은데 on도 같은 의미로 사용할 수 있습니다. about은 어떤 핵심의 주변을 의미하지만 on은 **핵심 사항**을 의미해요. 어떤 사건에 대해 설명할 때, 그 사건을 둘러싼 주변의 여러 상황을(about) 설명할 수도 있고, 그 사건의 핵심 사항(on)을 설명할 수도 있죠. 어떤 주제에 대해 토론할 때는 중요한 핵심 사항을 다루는데요, 그래서 '~에 대해 이야기하다/다루다/토론하다' 같은 표현에는 about보다는 핵심을 표현하는 전치사 on을 씁니다.

1 우리는 세미나에서 온난화 문제에 대해 토론했습니다.
We had a debate **on** global warming at the seminar.

2 그 문제에 관해 제안 하나 해도 될까요?
Can I make a suggestion **on** that matter?

3 우리는 그 프로젝트에 계속 집중하고 있습니다.
We are staying focused **on** that project.

by

저자 강의 28

가까이에

by는 수단, 방법, 차이, 기한, 그리고 위치에 대한 의미까지 두루 표현하는 역할 많은 전치사입니다. 위치를 표현할 때 쓰는 by의 의미는 '~가'와 가장 가깝습니다. 창가, 문가, 바닷가, 강가, 호숫가처럼 '가까이에'라는 것이 by의 핵심 개념이지요.

by 하면 수동태(Passive Voice)를 배울 때 필수로 배우는 전치사이기도 한데, 왜 by를 쓰는 걸까요? 우리 모두 관계 속에서 살아가는데, 긍정적이건 부정적이건 서로 영향을 주고 받는 관계는 모두 '가까운 관계'입니다. 심정적으로나 물리적으로 가까운 거리잖아요. 그러니 수동태에서 be p.p. 다음에 행위자를 by로 연결하는 이유를 짐작할 수 있을 겁니다.

여기서는 일상 회화에서 사용빈도가 높은 예문을 중심으로, 문장 속에서 by가 어떤 의미로 쓰이는지 익혀 봅시다.

- □ (기한)까지
- □ (교통수단 · 지불수단)으로
- □ ~가까이에/가에
- □ ~에 의해/의한
- □ ~의 차이로
- □ ~해서/하면서/함으로써

MP3 25-04

by[1] (기한)까지

'~까지'를 뜻하는 대표적인 전치사에는 until과 by가 있습니다. '5시**까지** 여기서 기다려 주시겠어요?'처럼 '행위의 지속'을 의미하는 '~까지'에는 until을 쓰지만, '5시**까지** 이 서류작업 끝내 주세요'처럼 특정 시각 혹은 시점까지 '행위의 완료'를 뜻하는 '~까지'에는 by를 쓰지요. 문장에 finish, complete, wrap up 등 어떤 행위의 마무리 혹은 완성을 의미하는 동사가 있는 경우에는 대부분 by와 함께 쓴다는 것도 기억해 두세요.

1 우리는 이 프로젝트를 이번 주말까지 끝낼 수 있습니다.
We can finish this project **by** this weekend.

2 제 생각에 저는 20일까지 돌아올 수 있을 것 같아요.
I think I can come back **by** the 20th.

3 올해 말까지 저는 3000달러를 모아 두었을 거예요.
I will have saved over 3,000 dollars **by** the end of this year.

by[2] (교통수단·지불수단)으로

'많은 사람들이 지하철**로** 통근합니다', '너는 버스**로** 통학하니?', '택시**로** 가면 5분도 안 걸려요', '그는 자전거**로** 여행하는 것을 즐겨요'처럼 '~으로'라는 교통 수단을 나타낼 때 전치사 by를 씁니다. 이때 평소에 늘 이용하는 교통수단을 나타낼 때는 a, the 같은 관사 없이 'by + 교통수단'으로 씁니다. 마찬가지로 '신용카드**로** / 체크카드**로** / 수표**로**' 같은 지불 수단을 표현할 때도 by를 떠올려 주세요. 이때도 관사를 사용하지 않습니다.

1 저는 한때 버스로 출퇴근하곤 했어요.
I used to commute **by** bus.

2 아마 거기에 지하철로 갈 수 있을 거예요.
You can probably get there **by** subway.

3 저는 항상 신용카드로 물건을 계산합니다.
I usually pay for things **by** credit card.

by[3] ~가까이에/가에

'가까이에, 근처에'를 의미하는 next to, beside, by 중에서 근접한 정도가 가장 가까운 것이 바로 by입니다. '강**가에**, 바닷**가에**, 문**가에**, 창**가에**, 길**가에**'처럼 '~가에'를 나타내죠. 예를 들어 '문가에'는 **by** the door, '창가에'를 **by** the window라고 합니다. 참고로 Stand by me.(내 옆에 있어 줘.)에서는 by가 물리적인 위치가 아니라 관계를 의미하는데, 이런 심리적 가까움도 by로 표현합니다.

1 저는 한강 가까이에 살고 있으면 좋겠어요.
I wish I lived **by** the Han River.

2 창가에 있는 저 남자는 누구인가요?
Who is the man **by** the window?

3 우리는 한때 호숫가에 살았어요.
We used to live **by** the lake.

by[4] ~에 의해/의한

by의 뜻 중 가장 익숙한 것이 '**~에 의해**'가 아닐까 싶은데요, 수동태를 배울 때 〈주어 + be p.p. + by + 행위자〉라고 암기했을 겁니다. 수동태 문장에서 by를 쓰는 이유는 행위 주체와 객체 사이가 가까움을 나타내기 위해서입니다. p.p.는 행위를 의미하는데 어떤 행위나 행동에 영향을 받는다는 것은 그것과의 거리가 가깝다는 얘기잖아요. 꼭 물리적 거리가 가까운 것뿐 아니라 힘의 작용이 영향을 미칠 수 있는 관계라고 생각하면 쉽게 이해할 수 있습니다.

1 개한테 물려 본 적 있나요?
Have you ever been bitten **by** a dog?

2 이 프로그램은 수백만 명의 사람들에 의해 사용됩니다.
The program is used **by** millions of people.

3 이 프로그램은 알려지지 않은 프로그래머에 의해 작년에 개발되었습니다.
This program was developed **by** an unknown programmer last year.

by[5] ~의 차이로

결과에 대한 묘사나 설명에서 자주 언급되는 수치의 '차이, 격차'를 by가 나타냅니다. '1점 **차이로** 시합을 이겼어요', '버스 요금이 3% **가량** 인상될 것입니다', '제 급여는 매년 5%**씩** 인상됩니다', '그는 몇 점 **차이로** 이겼나요?'처럼 '몇 점 차이로 / 몇 표 차이로 / 몇 퍼센트씩 / 몇 퍼센트 가량 / 몇 분 차이로' 같은 표현에서 by를 쓰죠. 앞서 배운 by의 다른 뜻과 뚜렷하게 구분되는 점은 바로 수치 앞에 놓인다는 것입니다. 점수, 시간, 이율, 비율 등의 차이를 표현하니까요.

1 그는 거의 3만 표 차이로 선거를 이겼습니다.
He won the election **by** almost 30,000 votes.

2 제 급여가 10% (차이로) 올랐습니다.
My salary has increased **by** 10%.

3 그는 5분 차이로 기차를 놓쳤습니다.
He missed the train **by** 5 minutes.

---

by[6] ~해서/하면서/함으로써

by는 '행위를 통한 방법'을 나타냅니다. 무엇을 하는 '행동, 행위' 그 자체가 바로 방법인 경우에 by를 쓰죠. '라디오를 **들어서**', '매일 일기를 영어로 **써서/씀으로써**', '사람들에게 **물어서**', '드라마를 많이 **봐서/봄으로써**'를 by로 표현할 수 있습니다. 이때, 전치사 뒤에 동사가 오면 helping, reading처럼 동명사를 쓰는 것에 주의하세요.

1 저는 1점 더 따서 그 경기를 가까스로 이겼습니다.
I managed to win the game **by** getting another point.

2 나는 길에서 사람들에게 물어서 이 장소를 간신히 찾아냈습니다.
I managed to find this place **by** asking people in the street.

3 사람들은 새로운 단어들을 종이에 씀으로써 익힐 수 있습니다.
People can learn new words **by** writing them on a piece of paper.

with

저자 강의 29

더하다

'나는 아침식사로 잼 바른 토스트를 한 조각 먹어요'를 영어로 바꿀 때 아마 다른 부분은 괜찮은데 '잼 바른'에서 멈칫하셨을 거예요. 이때는 '바르다'라는 뜻의 동사 spread를 쓸 필요 없이 with로 표현하면 간단하게 문장을 만들 수 있습니다.
'~와 함께'라는 의미로 잘 알려진 with는 만능 전치사라 불러도 좋을 만큼 의미 범위가 넓습니다. A에 B를 '더하다'라는 핵심 개념을 가지고 있는데 단순히 '함께'라는 의미를 넘어, 첨가, 부착, 소유, 동시 동작 등 다양한 의미를 표현할 때 사용할 수 있죠. 모든 전치사 중에서 일상에서 표현되는 빈도가 가장 높은 실용적인 전치사로, with에 대해 배워 두면 '마당과 차고 딸린 집을 사려고 합니다' 같은 표현도 쉽게 할 수 있게 됩니다.
그럼, 실용적인 with의 세계로 저와 '함께' 들어가 볼까요?
Let's get into the world of With, with me!

- ☐ ~을 쓰고/입고/차고 있는
- ☐ ~이 붙어/달려/써 있는
- ☐ ~을 바른/탄/더한
- ☐ ~을 가진/~이 있는/달린
- ☐ ~한 채로/~하고서
- ☐ (대상)에/에게
- ☐ (대상)을
- ☐ ~와 함께/같이
- ☐ (도구)로/(도구)를 써서

with[1] ~을 쓰고/입고/차고 있는

한국어에서는 뭔가를 몸에 걸칠 때 '입다, 쓰다, 끼다, 신다, 차다'처럼 동사가 계속 바뀌는 반면, 영어에서는 wear 하나로 가능합니다. 하지만 막상 말로 하려면 wear인지 to wear, wearing, 아니면 worn인지 형태가 헷갈리죠. 이런 고민을 한방에 날려주는 게 바로 with입니다. '안경을 **끼고 있는** / 신발을 **신고 있는** / 팔찌를 **차고 있는**' 같은 표현은 기본적으로 입는 옷에 '코트를, 시계를, 팔찌를' 더한다는 그림을 그려보면 자연스럽게 with가 연상되지요.

1 검정 모자 쓰고 있는 남자는 누구인가요?
Who is the man **with** the black hat?

2 안경 쓴 여자가 우리를 빤히 보고 있어.
The lady **with** glasses is staring at us.

3 목걸이랑 팔찌 하고 있는 남자애 보이니?
Do you see the boy **with** the necklace and the bracelet?

with[2] ~이 붙어/달려/써 있는

착용하고 있는 옷, 신발, 모자 등을 자세하게 표현할 때 with를 활용할 수 있어요. 예를 들어 숫자가 **쓰여 있는** 모자, 엠블렘이 **박혀 있는** 유니폼, 모자 **달린** 재킷, 지퍼 **달린** 부츠, 로고가 **새겨져 있는** 가방 등의 표현은 결국 A에 B가 '더해진' 것이므로 with로 표현합니다.

1 주머니 달린 저 재킷 입어 봐도 될까요?
Can I try on the jacket **with** the pocket?

2 숫자들이 좀 써 있는 카키색 셔츠를 보세요.
Look at the khaki shirt **with** some numbers on it.

3 난 지퍼 달린 부츠 사고 싶어요.
I'd like to get a pair of boots **with** zippers on them.

with[3] ~을 바른/탄/더한

with는 식사 관련 표현을 할 때도 유용합니다. '잼을 **바른** 토스트 한 조각 / 우유 **탄** 홍차 한 잔 / 양파 **넣은** 샐러드 / 올리브 오일 **섞은** 소스' 같은 표현을 with로 표현하죠. 토스트에 잼을 '더하고', 홍차에 우유를 '더하고', 소스에 올리브 오일을 '더하는' 상황을 상상해 보면 쉽게 이해할 수 있어요. '바르다'와 '타다'를 동사로 인식하는 것이 어쩌면 자연스럽지만 영어는 이걸 전치사로 해결합니다.

1 저는 잼 바른 토스트 한 조각 먹었어요.
I had a slice of toast **with** jam on it.

2 그는 항상 생수에 얼음을 좀 넣어서 마셔요.
He always drinks mineral water **with** some ice in it.

3 난 버터 바른 토스트 한 조각이 필요해요.
I need a slice of toast **with** butter on it.

with[4] ~을 가진/~이 있는/달린

이사하려고 집 보러 다니는 걸 영어에서는 house-hunting이라고 합니다. 유학 시절, 고등학교 3년 내내 기숙사 생활을 하다가 대학 때는 따로 살아보고 싶어서 집을 알아보러 다녔지요. 이때 부동산 중개소(real estate agency)를 다니면서 다음과 같은 표현을 엄청나게 많이 접했어요. 욕실 **달린** 방, 차고 **있는** 집, 테라스 **붙어 있는** 방, 정원 **있는** 집… 이런 표현들 역시 하나에 다른 하나가 더해진다는 그림이 그려지지요? 이때도 with로 표현합니다.

1 우리는 큰 차고가 있는 집을 찾고 있습니다.
We are looking for a house **with** a big garage.

2 저는 정원 딸린 집에서 살고 있으면 정말 좋겠어요.
I wish I lived in a house **with** a garden.

3 이 길 끝에 빨간 지붕이 있는 건물이 하나 있어요.
There is a building **with** a red roof at the end of this street.

with[5] ~한 채로/~하고서

with의 여러 용법 중에서도 가장 알려드리고 싶었던 것이 바로 이것, 두 행동을 동시에 하는 모습을 묘사하는 것입니다. '눈을 감은 **채로** 음악을 들어요.' '다리를 **꼬고** 앉아 있어요.' '팔짱을 **낀 채로** 서 있어요.' 이런 표현은 각각 '눈을 감다 + 음악을 듣다' '다리를 꼬다 + 앉다', '서다 + 팔짱을 끼다'로 볼 수 있죠. 하나의 행동에 또 다른 행동 하나에 더해진다고 생각할 수 있습니다. 물론 and를 사용해서 연결할 수도 있지만, with를 쓰는 게 훨씬 영어다운 표현입니다.

1 나는 눈을 감고 그 노래를 들었습니다.
I listened to the song **with** my eyes closed.

2 그녀는 팔짱을 낀 채로 창가에 서 있습니다.
She is standing **with** her arms crossed by the window.

3 입에 음식 넣고 말하지 마요.
Don't talk **with** your mouth full.

with[6] (대상)에/에게

'너 왜 그래? 뭐가 문제야?'는 영어로 What's wrong with you?입니다. '너한테', '너에게' 무슨 문제가 있는지 묻는 거죠. 하지만 '~에/에게'라고 하면 전치사 to를 떠올리기 마련이라, 다른 문장으로 응용할 때는 실수하기 쉽습니다. '~에/에게'로 해석되는 to와 with의 근본적인 차이는 바로 ~ 부분이 '전달되는 상황'인가, 아니면 '대상 그 자체'인가입니다. 예를 들면, Can you pass this **to** Jack?은 '잭에게' '이것'을 전달하는 상황이고, What's wrong **with** Jack?은 '잭 자체'가 어떤 문제를 가진 대상이 되죠.

1 차 엔진에 어떤 문제가 있는 것 같아요.
It seems like there is a problem **with** the car's engine.

2 한때는 우리 팀에 몇 가지 문제가 있었어요.
There used to be a few problems **with** our team.

3 이 시계에 무슨 문제가 있는 건가요?
What is the problem **with** this watch?

with[7] (대상)을

이번에도 대상을 나타내는 with인데요, 따로 분류한 이유는 한국어 해석이 달라지기 때문입니다. 도움을 요청할 때 Can you help me?라고 하는 분들이 많을 텐데, 실은 네이티브는 이 뒤에 with를 붙입니다. 막연하게 도와 달라는 게 아니라 뭘 도와 달라는 건지 '이것**을**' 혹은 '저것**을**' 도와 달라고 구체적으로 밝히는 것이 요청받는 입장에서 더 좋잖아요. 네이티브들은 어떤 일의 진행 과정에서 마무리 혹은 완료, 완성을 요구하는 의미의 문장에도 항상 with를 써서 '무엇을' 끝내달라는 건지 밝힙니다.

1 이것을 도와주시겠어요?
Could you help me **with** this?

2 그 임무를 도와줄 누군가가 혹시 있나요?
Is there anyone who can help you **with** the task?

3 우리는 직원들에게 자신의 능력을 증명할 기회를 제공합니다
We provide our employees **with** chances to prove their abilities.

with[8] ~와 함께/같이

with 하면 떠오르는 첫 번째 의미죠. 핵심 개념인 '하나에 다른 하나를 더한다'는 의미를 가장 쉽고도 명확하게 표현하는 내용이기도 합니다. 누구와 **'함께'**, **'같이'** 무엇을 한다는 의미의 문장을 만들 때는 그 대상 앞에 무조건 with를 쓰세요. 함께 일하고, 공부하고, 같이 살고, 지내고, 여행하고, 춤추고, 식사하고 등등의 아주 일상적인 내용의 문장들에서 함께 하는 그 대상을 문장에 더할 때 항상 'with + 명사' 구조만 기억하세요.

1 저는 한때 몇 명의 친구들과 함께 살았어요.
I used to live **with** a few friends of mine.

2 당신은 사람들과 함께 일하는 것을 즐기나요?
Do you enjoy working **with** people?

3 너는 보통 누구와 같이 영어를 공부하니?
Who do you usually study English **with**?

with[9] (도구)로/(도구)를 써서

'이걸 그 칼**로** 잘랐습니다'를 영어로 하면 대부분 by the knife라고 하지 않으셨나요? 처음 영어 배울 때 '버스**로** 왔어요'를 by bus라고 하는 걸 배우죠. 한국어로 '~으로'라고 표현이 같다 보니 by가 자동으로 떠오를 겁니다. by 파트에서도 다루지만 '~으로' 해석되는 by는 교통 수단, 지불 수단에서만 씁니다. 그럼, 도구 사용을 표현할 때는 어떻게 할까요? '동반'의 의미를 전할 때 with를 쓰는 것처럼 도구 사용도 마찬가지입니다. 나와 '함께' 그 도구가 어떤 행위를 한다고 기억해 두세요.

1 그녀는 항상 이 가위로 머리를 다듬어요.
  She always trims her hair **with** these scissors.

2 저는 항상 이 만년필로 제 일기를 써요.
  I always write in my journal **with** this fountain pen.

3 이것을 자를 칼 하나 주시겠어요?
  Can I have a knife to cut this **with**?

for

저자 강의 30

이유와 자격

처음 for를 접할 때 This is for you. 같은 예문을 보며 for를 '~을 위하여'라고 많이 외우셨을 텐데요, 큰 그림으로 보면 for는 '이유와 자격'이라는 큰 카테고리로 묶을 수 있습니다. 이유와 자격을 비롯해 가치와 목적을 의미하는 표현에서 사용할 수 있는 전치사죠.
예를 들어, 가죽은 비쌀 만한 가치가 있으니 비싼 이유가 있고, 그럴 만한 자격이 되니까 특정 직업에 지원을 할 수 있는 거죠. 이런 표현이 모두 전치사 for로 가능합니다.
for가 실생활에서 어떻게 활용되는지 자세한 의미를 알아봅시다.

- □ ~치고는/보다
- □ ~으로/때문에
- □ ~에/에서
- □ ~용/(목적지)로
- □ (시간)으로
- □ ~째/동안/동안에
- □ (대상)을/에게/을 위해

MP3 25-06

for[1] ~치고는/보다

'~보다'라고 하면 than을 먼저 떠올리기 쉬운데, 사람과 사람, 언어와 언어처럼 비교 대상의 종류가 같을 때는 than을 쓰지만, '무언가가 가지고 있는 가치'를 비교하는 경우에는 for를 씁니다. 예를 들어 가죽 가방을 보고 '가죽 **치고는** 꽤 싸네요'라고 할 때, 일반적인 가죽 가방의 가치보다는 가격이 저렴한 것을 for를 사용해 나타냅니다. 이처럼 무언가가 가진 '가치'에 대해 언급할 때 사용되는 전치사가 바로 for입니다.

1 당신은 나이보다 어려 보여요.
You look young **for** your age.

2 이 장갑은 수제 치고는 꽤 저렴하네요.
These gloves are pretty cheap **for** being handmade.

3 4월 치고는 꽤 추운데요.
It is quite cold **for** April.

for[2] ~으로/때문에

'그는 거짓말한 일**로** 사과했어요', '늦어서(늦은 일**로**) 죄송합니다', '그 이유**로** 저는 영어를 좋아합니다' 등 이유를 표현하려고 할 때 대부분 reason을 먼저 떠올리는데, 이때는 전치사 for를 사용하면 간단합니다. 특히 일상 회화에서 화를 내거나 언짢아하거나 사과하는 내용을 담은 문장에서 많이 쓰죠. 예를 들어 '늦어서 미안해'는 I'm sorry I'm late.보다는 I'm sorry for being late.라고 하고, '그거 해서 미안합니다'는 I'm sorry for doing that.이라고 하죠.

1 너는 네가 한 일로 사과하는 것이 좋겠어.
You should apologize **for** what you did.

2 너는 정직하지 않은 것에 미안해해야 돼.
You should be sorry **for** not being honest.

3 당신이 우리를 위해 하신 일에 정말 감사합니다.
Thank you very much **for** what you've done for us.

for[3] ~에/에서

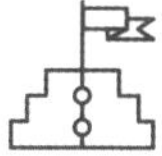

'~에 지원하다'를 'apply for + 직업'이라고 공식으로 외운 분들 많으시죠? 회사가 직원을 모집할 때는 자기들만의 어떤 자격 요건이 있습니다. 그 자격 요건에 맞아야 일단 지원이 가능할 것이고 그 직업에서 일할 수 있겠지요. 바로 그 **'자격'**을 나타내는 역할을 for가 합니다. apply **for** a job(일자리에 지원하다), work **for** LC Electronics(LC전자에서 일하다)처럼 '~에, ~에서'라는 뜻으로 해석합니다.

1 전 구글 인턴십에 지원할 준비됐어요.
I'm ready to apply **for** an internship at Google.

2 저는 한때 시 의회에서 일했었어요.
I used to work **for** the city council.

3 네 프랑스어가 유창하니까, 너는 유엔에서 일할 수 있어.
As your French is fluent, you can work **for** the UN.

for[4] ~용/(목적지)로

전치사 for는 '~용'이라는 뜻으로 특정 목적이나 용도를 나타낼 때 씁니다. '여자**용** 향수', '2025년**용(을 위한)** 달력', '유아**용** 자전거' 등을 for로 표현할 수 있죠. 앞에서 자격을 의미할 때 for를 쓴다고 했는데, 용도도 결국 자격을 의미한다고 볼 수 있어요. 또 해마다 바뀌는 어떤 법규나 규칙에 대한 표현에도 항상 for를 씁니다. 예를 들어 This tax law is **for** 2025.(이 세법은 2025년용입니다.)는 세법이 2025년, 그 해에만 적용된다는 의미를 갖지요. 또한, '파리**로** 떠납니다', '이것은 런던**행** 기차입니다'처럼 도착하는 곳, 즉 교통수단의 목적지를 나타낼 때도 for를 씁니다.

1 이것은 2025년도(용) 달력인가요?
Is this a calendar **for** 2025?

2 이 향수는 여자용인가요?
Is this perfume **for** women?

3 저는 내일 파리로 떠납니다.
I'm leaving **for** Paris tomorrow.

for[5] (시간)으로

for는 예약이나 약속을 정할 때 쓰는 전치사로, '언제로'라는 뜻을 나타냅니다. 병원 예약, 식당 예약, 회의 일정, 일정 변경 등을 표현할 때 많이 쓰죠. '회의가 10시**로** 변경되었어요', '이번 주 금요일**로** 예약 변경할 수 있을까요?', '그 일정은 7월**로** 확정되었습니다' 같은 표현을 for로 할 수 있습니다. 만약 이번 주 수요일로 식당 예약을 한다면 그날이 바로 저녁 식사를 하는 이유가 되는 때이므로 전치사 for를 쓰는 거죠. 또한, 7시 회의가 10시로 변경되는 상황이라면, 7시보다는 10시가 회의하기에 더 좋은 이유와 자격을 가진 때임을 for를 통해 나타낼 수 있습니다.

1 저는 이번 주 수요일(로) 저녁 7시로 자리 하나 예약하고 싶습니다.
I'd like to book a table **for** 7 p.m. **for** this Wednesday.

2 우리가 다른 날로 일정 잡아도 될까요?
Can we make an appointment **for** another day?

3 제 예약을 다음 주 금요일로 변경하고 싶습니다.
I'd like to change the reservation **for** next Friday.

for[6] ~째/동안/동안에

과거부터 현재까지 계속해 온 일을 표현하는 현재완료시제(have p.p.)에 쓰는 핵심 전치사가 바로 for입니다. 과거 한 시점부터 지금까지 지속해 온 어떤 행위나 상황을 설명할 때 지속한 시간 정보를 말하게 되는데, '7시간**째**', '3년**째**', '20분 **동안**', '2주 **동안에**' 같은 '행위를 지속하는 시간의 길이'를 전치사 for가 나타내죠. 과거부터 현재까지 지속해 오고 있는 행위를 표현하는 구조인 have been -ing와도 거의 짝꿍처럼 같이 씁니다.

1 Emily는 같은 일을 10년째 해 오고 있습니다.
Emily has been doing the same job **for** 10 years.

2 너는 그들을 공항에서 2시간 동안 기다렸니?
Did you wait for them at the airport **for** 2 hours?

3 그들은 몇 시간째 저 벤치에 앉아 있나요?
How many hours have they been sitting on the bench **for**?

for[7] (대상)을/에게/을 위해

for를 '~을 위해'라는 의미로 인식하는 경우가 많은데, 어떤 행위에 대한 '대상'을 표현하는 다양한 경우에 for를 쓸 수 있습니다. for의 핵심 개념이 '이유와 자격'이라고 했는데요, 누군가를 기다린다면 그 대상을 기다리는 이유가 있고, 그 대상은 그럴 만한 가치가 있는 거죠. 또, 누구에게 무엇을 주는 상황이라면 주는 이유가 있고, 그 대상은 그것을 받을 만한 자격이나 가치가 있겠죠. 한국어에서는 '나**(에게)** 커피 좀 만들어 줄래요?', '이거 너**(를 위해)** 주려고', '나**(를)** 기다리고 있었던 거야?', '소식**(을)** 기다리고 있어요'처럼 for가 나타내는 부분을 생략하고 말하는 경우가 많은데, 영어에서는 for를 생략하지 않도록 주의하세요.

1 나는 정류장에서 버스(를) 기다리고 있어요.
I'm waiting **for** my bus at the bus stop.

2 나에게 커피 좀 만들어 줄래요?
Can you make some coffee **for** me?

3 그 메시지 나를 위해 읽어 주시겠어요?
Could you read the message **for** me?